KB093266

묻지 마라 을해생

—해방 전후 광주 이야기

해방 전후 광주 이야기

최이산 지음

돌지마라을해생

푸른역사

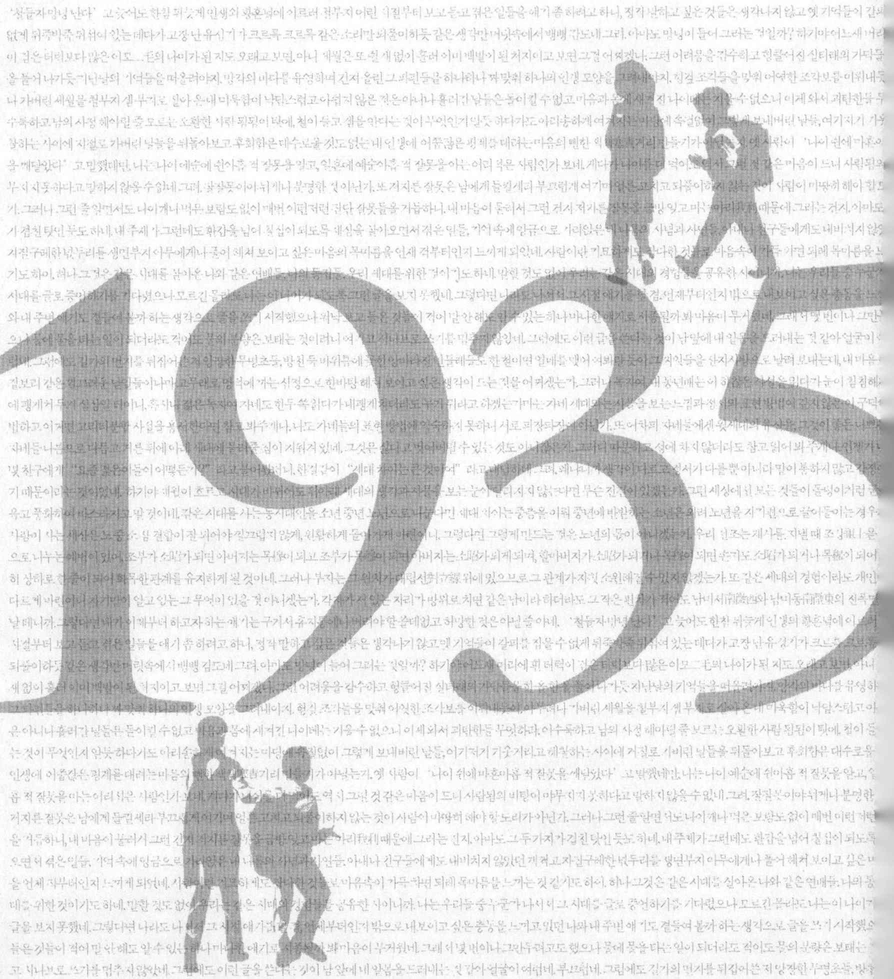
1935

01

·

변언유치弁言有恥의 장章

'철들자 망녕 난다'고 늦어도 한참 뒤늦게 인생의 황혼녘에 이르러 철부지 어린 시절부터 보고 듣고 겪은 일들을 얘기 좀 하려고 하니, 정작 말하고 싶은 것들은 생각나지 않고 옛 기억들이 갈피를 잡을 수 없게 뒤죽박죽 뒤섞여 있는 데다가 고장 난 유성기가 크르륵 크르륵 같은 소리만 되풀이하듯 같은 생각만 머릿속에서 뱅뱅 감도네 그려. 아마도 망녕이 들어 그러는 것일까?

하기야 어느새 머리에 흰 터럭이 검은 터럭보다 많은 이모二毛의 나이가 된 지도 오래고 보면, 아니 세월은 또 쉴 새 없이 흘러 이미 백발이 된 처지이고 보면 그걸 어쩌겠나. 그런 어려움을 감수하고 헝클어진 실타래의 가닥들을 한 올 한 올 풀어 나가듯 지난날의 기억들을 떠올려야지. 망각의 바다를 유영하며 건져 올린 그 파편들을 하나하나 짜 맞춰 하나의 인생 모양을 그려 내야지. 헝겊 조각들을 맞춰 어엿한 조각보를 이뤄 내듯이.

아무려나 가버린 세월을 철부지 셈 부지로 살아 온 내 미욱함이 낙담스럽고 아쉽지 않은 것은 아니나 흘러간 날들은 돌이킬 수 없고 마음과 몸에 새겨진 나이테는 지울 수 없으니 이제와서 괴탄한들 무엇하랴.

어수룩하고 남의 사정 헤아릴 줄 모르는 오활한 사람 됨됨이 탓에, 철이 들고 셈을 안다는 것이 무엇인지 알듯 하다가도 아리송하게 여겨지는 마당에 속절없이 그렇게 보내 버린 날들, 여기저기 기웃거리고 해찰하는 사이에 저절로 가 버린 날들을 뒤돌아보고 후회함은 대수로울 것도 없는 내 인생에 어쭙잖은 핑계를 대려는 마음의 뻔한 색책塞責거리 만들기가 아닐는지.

옛 사람이 '나이 쉰에 마흔아홉 적 잘못을 깨달았다'고 말했데만, 나는 나이 예순에 쉰아홉 적 잘못을 알고, 일흔에 예순아홉 적 잘못을 아는 어리석은 사람인가 보네. 게다가 나이를 더 먹어도 역시 그럴 것 같은 마음이 드니 사람됨의 바탕이 야무지지 못하다고 말하지 않을 수 없네 그려.

잘잘못이야 뉘게나 분명한 것 아닌가. 또 저지른 잘못은 남에게 들킬세라 부끄럽게 여기며 얼른 고치고 되풀이하지 않는 것이 사람이 마땅히 해야 할 도리가 아닌가. 그러나 그런 줄 알면서도 나이깨나 먹은 보람도 없이 매번 이런저런 잔단 잘못들을 거듭하니, 내 마음이 물러서 그런 건지 저지른 잘못을 금방 잊고 마는 아리我利 때문에 그러는 건지. 아마도 그 두 가지가 겹친 탓인 듯도 하네.

내 주제가 그런데도 환갑을 넘어 칠십이 되도록 세상을 살아오면서 겪은 일들, 기억 속에 앙금으로 가라앉은 내 나름의 사념과 사연들, 아내나 친구들에게도 내비치지 않았던 객쩍고 자질구레한 넋두리를 생면부지 아무에게나 풀어 헤쳐 보이고 싶은 마음의 목마름을 언제 적부터인지 느끼게 되었네. 사람이란 기묘하게도 잡다한 것들로 마음속이 가득 차면 되레 목마름을 느끼는 것 같기도 하이.

허나 그것은 같은 시대를 살아온 나와 같은 연배들, 나의 동접들, 우리 세대를 위한 것이기도 하네. 말할 것도 없이 우리는 같은 시대의 경험들을 공유한 사이니까. 나는 우리들 중 누군가 나서서 그 시대를 글로 증언하기를 기다렸으나 모르긴 몰라도 나는 이 나이가 되도록 그런 글을 보지 못했네. 그렇다면 나라도 나서서 그 시절 얘기를 할 겸, 언제부터인지 밖으로 내보이고 싶은 충동을 느끼고 있던 나와 내 주변 얘기도 곁들여 볼까 하는 생각으로 글을 쓰기 시작했으나 워낙 보고 들은 것들이 적어 말 안 해도 알 수 있는 하나 마나한 얘기로 시종될까 봐 마음

11

이 무거웠네. 그래서 몇 번이나 그만두려고도 했으나 물에 물을 타는 일이 되더라도 적어도 물의 분량은 보태는 것이려니 여기고 시나브로 쓰기를 멈추지 않았네. 그럼에도 이런 글을 쓴다는 것이 남 앞에 내 알몸을 드러내는 것 같아 얼굴이 여럽네. 부끄럽네.

그럼에도 길가의 먼지를 뒤집어쓴 저 앙장한 무명초들, 방천 둑 바위틈에 꽂힌 앙바라진 민들레들도 한 철이면 열매를 맺어 여봐란 듯이 그 씨앗들을 산지사방으로 날려 보내는데, 내 마음 속에서 영근 겉보리 같은 껄끄러운 낟알들이나마 고무래로 멍석에 까는 심정으로 한바탕 헤쳐 보이고 싶은 생각이 드는 것을 어쩌겠는가.

그러니 독자여, 내 동년배는 이 하찮은 사설을 읽다가 눈이 침침해져서 머리맡에 팽개쳐 두기 십상일 터이니, 혹시나 젊은 독자여 자네도 한두 쪽 읽다가 내팽개치더라도 누가 뭐라고 하겠는가마는 자네 세대와는 사물을 보는 느낌과 정서와 표현 방법이 같지 않은 이 구닥다리의 낯설 법하고 어쩌면 고리타분할 사설을 용서한다면 참고 봐 주게나.

나도 자네들의 표현 방법에 익숙하지 못하니 서로 피장파장이 아닌가. 또 어차피 자네들에겐 윗세대의 유산을, 그것이 좋든 나쁘든 이어 받아 자네들 나름으로 다듬고 거른 뒤에 아래 세대에 물려줄 짐이 지워져 있네. 그것은 싫다고 벗어 버릴 수 있는 것도 아니잖은가. 그러니 따분하고 성에 차지 않더라도 참고 읽어 봐 주게나.

언젠가 내 동접인 몇몇 친구에게 "요즘 젊은이들이 어떻든가?"라고 물어봤더니, 한결같이 "세대 차이는 큰 것이여"라고 대답하데 그려. 왜냐니까 생각이 다르고 정서가 다를 뿐 아니라 말이 통하지 않고 감정이 통하지 않기 때문이라는 것이었네.

하기야 세월이 흐르고 시대가 바뀌어도 위아래 세대의 생각과 사물을 보는 눈이 달라지지 않는다면 무슨 진전이 있겠는가. 그런 세상에선 모든 것들이 돌덩이처럼 굳어졌다가 이윽고 풍화하여 바스라지고 말 것이네. 같은 시대를 사는 동시대인을 소년 중년 노년으로 나눈다면 세대 차이는 중층을 이뤄 중년에 반발하는 소년은 외려 노년을 자기편으로 끌어들이는 경우가 많으렷다. 사람이 사는 세상은 노 중 소 삼 결합이 잘 되어야 껄끄럽지 않게, 원활하게 돌아가게 마련이니, 그렇다면 그렇게 만드는 것은 노년의 몫이 아니겠는가. 우리 선조는 제사를 지낼 때 조상祖上을 소昭와 목穆으로 나누는 예법이 있어, 조부가 소昭가 되면 아버지는 목穆이 되고 조부가 목穆이 되면 아버지는 소昭가 되게 되며, 할아버지가 소昭가 되거나 목穆이 되면 손자도 소昭가 되거나 목穆이 되어 조손은 영구히 상하로 한 줄이 되어 화

13

목한 관계를 유지하게 될 것이네. 그러나 부자는 그 위치가 대립선對立線 위에 있으므로 그 관계가 자칫 소원해질 수 있지 않겠는가. 또 같은 세대의 경험이라도 개인마다 적은 듯 다르게 마련이니 자기만이 알고 있는 그 무엇이 있을 것 아니겠는가. 각자가 서 있는 자리가 방위로 치면 같은 남이라 하더라도 그 작은 편차가 적어도 남미서南微西와 남미동南微東의 진폭만큼은 차이가 날 테니까. 그렇다면 내가 이제부터 하고자 하는 얘기는 구겨서 휴지통에나 버려야 할 쓸데없고 허망한 것은 아닐 줄 아네.

弁言有恥

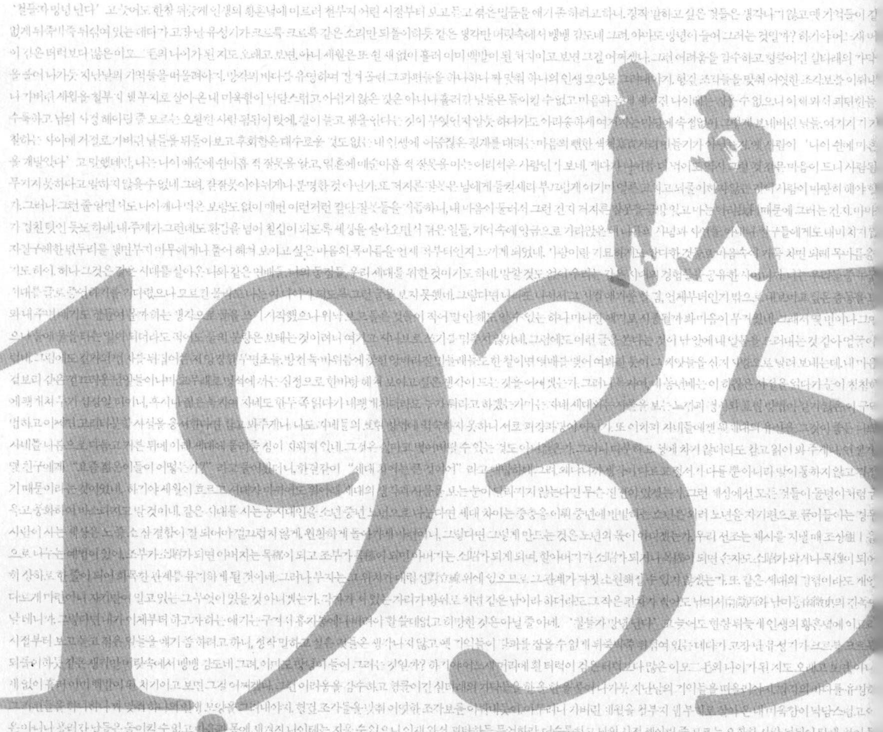
1935

02

창씨개명創氏改名의 장章

내 이름은 김인귀金仁龜이네.

그러나 사람들은 '김인구'라고 불렀네. 내 이름을 지어 준 아버지도 그렇게 불렀으므로 나도 처음엔 그런 줄로 알았네. 훨씬 나중에야 인귀가 맞다는 것을 알게 된 나는 머리가 갸우뚱거려지고 마음이 떨떠름했네. 집안 어른들도 내게 말했다시피 아버지는 유식한 사람인데 왜 그렇게 불렀을까, 라는 생각이 들어서였네. 아마도 '인구'라고 하는 편이 부르기 편해서 그러지 않았을까, 라고 나는 마음속으로 그 의아함을 삭였네.

윤지允智 당숙만이 나를 인귀라고 불렀는데 그 글자를 거북이라는 뜻으로 쓸 때는 '귀'로 읽어야 한다는 그의 말을 듣고 나서야 그렇게 소리 내는 것이 맞는다는 것을 알게 되었네. '인

仁'은 항렬자인데 내 형 이름은 인학仁鶴이고 내 이름은 인귀仁龜이니, 형은 두루미이고 나는 거북임이 분명하제. 그런데 그런 내 이름에 또 까탈이 붙을 줄이야 어린 나로서는 도무지 짐작도 못했네.

일제 강점기에 태어나 지금의 초등학교 곧 국민학교에 들어가게 된 나는 이름이 김인귀에서 느닷없이 김산인귀金山仁龜, 일본말로 부르면 가네야마 징끼로 되었으니까 말이네.

나는 어머니에게 그렇게 된 까닭을 물었네. 어머니의 대답인즉 "이름을 왜식으로 바꾸지 않으면 학교에서 입학을 허가하지 않는다는구나. 그래서 집안 어른들이 상의해서 성을 김산으로 하기로 했단다. 너희 김 씨는 본관이 '광산'이니까 '김'자에 '산'자를 붙인 거란다"라는 것이었네.

나보다 3년 위인 내 형은 김인학이란 본 이름으로 국민학교에 들어갔는데, 내가 들어가려고 하니까 창씨개명을 하지 않으면 안 된다니 저들이 우리를 한 발짝 한 발짝씩 옥죄는 고비에 걸려들었다고나 할까. 그러니 나와 동기생들은 학교에 들어가면서부터 창씨개명을 해야 했던 세대라네. 재학생인 내 형도 물론 창씨개명을 강요당했네. 저들은 학생들뿐 아니라 조선 사람 모두를 창씨개명하지 않을 수 없게 압박했으니까.

내가 학교에 들어가기 전 해에 당시 조선 총독 남차랑南次

郞은 모든 조선인을 황국신민으로 만든다는 고약한 구실을 내세워 우리 이름을 일본식으로 고치라는 이른바 창씨개명을 우리에게 강요했네. 황국이란 저들이 천황이라고 부르는 일본 왕이 통치하는 나라라는 뜻의 말로, 당시 저들은 일본을 그렇게 불렀다네. 술꾼이고 아첨꾼인 남차랑은 일본 군벌들의 세력 다툼 틈바구니에서 눈치껏 이리 저리 알랑거린 덕에 조선 총독으로 임명된 터라, 자기 딴엔 눈에 띄는 공적이라도 세워 군벌 실력자에게 아첨하고 일왕 히로히토의 눈에 들려고 생각해 낸 꾀가 조선인의 일본군 지원을 제도화한다는 것과 조선인의 창씨개명을 완수한다는 것이었다네.

그는 술자리에서 자기 조상은 조선에서 일본으로 건너간 남씨라고 실토했다고도 하데. 음흉한 그인지라 꾸며 낸 말인지도 모르지만. 그러고 보면 그가 조선 총독이 된 뒤에, 우리에게 동조동근同祖同根과 내선일체內鮮一體를 선전하고 강조한 것도 그런 맥락으로 볼 때 머리가 끄덕여진다고나 할까. 동조동근이란 조선인과 일본인은 조상과 뿌리가 같다는 말이고 내선일체는 조선과 일본은 한 몸이란 말 아닌가. 저들은 일본을, 그것이 온통 섬들로 이뤄진 주제에 내지內地라 부르며 교만을 떨었다네.

…

그때 그 일로 인해 온 조선은 커다란 소용돌이에 휘말리게 되었네. 그도 그럴 것이 성이란 혈통을 나타내는 표상이며 혈통을 고수하고 이어 나가는 것이 우리의 뿌리 깊은 전통이고 관행인데, 그것을 버리고 창씨개명을 하라고 강요했으니 말이네. 그것이 비록 허울뿐인 것이라고 할지라도 그것은 내 집 대문의 문패를 떼고 누구인지도 모르는 자의 문패를 달라는 억지와 무엇이 다르겠는가?

일본인들은 아들이 없으면 사위를 양자로 삼는 서양자婿養子나 타성받이를 양자로 삼는 이성양자를 받아들여 가계를 잇게 하기도 하니, 저들에겐 핏줄을 나타내는 성이 있을 리 없네. 가문의 문패이자 그 존속만을 나타내는 씨가 있을 뿐이라네. 그러니 우리는 성명이라고 말하지만 저들은 씨명이라고 말하지 않는가. 혈통을 고수하지 않아도 되는 일본인에겐 사실 가문이라는 말도 없다네. 그 대신 가병家柄, 곧 '이에가라'라는 말을 쓴다네. '가라'엔 때깔이라는 뜻도 있으니, 그 말의 이면에는 핏줄이야 어떻든 자기 집안의 때깔만 고우면 그만이라는 생각이 도사리고 있다고 보지 않을 수 없네. 사실 저들은 성姓을 '가바네'라고 부르는데 옛날의 관직을 뜻하는 말이고, 씨氏를 '우지'라고 부르는데 이에가라를 나타내는 말로 쓴다네.

그렇다면 창씨개명은 혈통을 중시하는 우리 겨레의 정체

성을 헝클어 놓은 뒤에 우리를 종내기 관념이 없는 저들의 권투圈套로 끌어들이려는 수작이라고밖에 볼 수 없었네. 그리하여 마침내는 황국신민이라는 이름 아래 저들의 종으로 삼으려는 간계임이 분명했네.

그런 판에 아무리 온순한 사람인들 분노하고 저항하지 않을 자 그 누구이겠는가? 저들의 앞잡이나 친일파라면 또 모를까. 하지만 당시 우리에겐 저들의 그런 압제에 맞서 싸울 만한 힘이 없었으니 참으로 억울하고 답답한 노릇이 아닐 수 없었네. 줏대 있고 기개 있는 사람들의 저항이라야 왜놈들이 판치는 곳에서 그들과 함께 살 수 없다면서 도회지 생활을 버리고 두메 구석으로 숨어들어가 농사를 짓거나, 족보를 베고 죽을지언정 조상이 대대로 물려준 성을 버릴 수 없다고 울분을 터뜨리면서 극단의 방법인 자살을 택한 것이 고작이었네.

전남 곡성군 오곡면의 류건영이란 사람은 총독 남차랑과 총독부 들러리 기구인 중추원에 엄중한 항의서를 보내고 자결했다네. 그는 '성까지도 왜놈이 시키는 대로 갈고 왜말로 부르지 않으면 살 수 없는 세상에서 살기 싫다'고 통한의 눈물을 흘리면서, 다음과 같은 유서를 남겼다네.

슬프다, 나 류건영은 천년 고족古族의 일원이노라. 일찍이 나라가 망할 때 죽지 못하고 30년간의 치욕을 당하면서도 그들의 패륜과 난륜을 귀로써 듣지 못 하고 눈으로써 보지 못하겠더니, 이제 그들은 우리 혈족의 성까지 빼앗으려고 한다. 만일 그들의 풍습대로 동성동본이 통혼하고 타성받이를 양자로 삼으며 서양자로 하여금 제 성을 버리고 계집의 성을 따르게 한다면, 이는 금수의 도를 5천년 문화민족에게 강요하는 것이다. 나 류건영은 짐승이 되어 살기보다는 차라리 깨끗하게 죽음을 택하노라.

또 어떤 사람은 창씨개명을 하지 않으면 그의 자녀들을 학교에서 퇴학시키겠다는 관헌의 위협을 받자, 그들이 학교에 남아 공부할 수 있게 하려고 그 강요에 응한 다음에 돌을 안고 우물에 뛰어들어 자살했다네. 성을 지키지 못했음을 조상에게 사죄하면서 말이네.

그것이 어찌 학교뿐이겠는가? 생계를 꾸리기 위해 월급쟁이를 하려고 해도 창씨개명을 하지 않으면 안 되었네. 그 때문에 도청이나 군청의 말단 직원, 면사무소 서기, 심지어 광산 노동자조차도 창씨개명을 해야 했네. 대다수 조선 사람들은 저들이 우리 땅에 와서 주인 행세를 하는 판이니, 저들의 그런 닦달을 회피할 수 없지 않겠느냐는 듯이 고패를 숙이면서.

겉으로는 그런 항거와 분노와 체념은 빙산의 일각처럼 작아 보였네. 그러나 물 밑의 거대한 저빙底氷과도 같은 우리의 눈에 띄지 않는 거부는 응어리가 되어 단단하게 뭉쳐 있었지 않았나 하네. 저들이 아무리 아둔한들 그런 조선 사람의 감정을 눈치 채지 못하지는 않았을 거네. 다만 만주 점령에 이어 중국으로 전선을 확장한 마당에 저들이 그런 조선 사람의 감정의 응어리를 깨뜨리고 나서기에는, 그럴 경황도 여력도 없었다고 봐야지.

저들은 우리가 그것을 빌미로 기미년의 만세운동처럼 나라를 통튼 항쟁을 조직하지 못한 것을 다행으로 여겼음에 틀림없네. 그럴 것이 저들은 조선인들에게 떠안긴 그 시책에 조선인이 잘 순응했다며, 그 성과를 선전하고 자랑하는 능청을 떨었으니 말이네. 그러나 그것은 헛것이고 속 빈 강정이었네. 왜냐하면 명색은 창씨개명인데도 새로이 씨를 창설하거나 이름을 고친 사람은 몇몇 친일파들을 제외하고는 아무도 없었으니까 말이네.

그처럼 창씨개명은 시늉뿐이었는데도 저들은 눈 가리고 아웅 하듯 묵인하고 받아들였네. 남차랑이 스스로 생각하기에도 그런 골치 아픈 일을 벌여 놓고 보니 무엇으로도 감당하기 어려운 너무나 엄청난 일이어서, 서둘러 얼버무린 형국이었다고나 할까.

25

......

내 이름 김인귀가 김산인귀로 된 것도 내 어머니가 말했듯이 광산 김 씨 문중회의에서 성 밑에 관향의 지명 중 산山 자를 골라 붙이기로 하고 이름은 그대로 쓰기로 했기 때문이네. 성명을 일본말로 읽는 것이야 당시 학교에서 일본말로 가르치고 호적등본을 떼러 마지못해 정町사무소에라도 갈라치면 일본말을 써야 했으니, 그건 어쩔 수 없는 일이라고 치부해야지.

다른 성바지들도 광산 김 씨와 별다를 것이 없었네. 꼭 그렇게 하기로 기약한 것도 아닌데 이심전심으로 묵계라도 하듯 거의 모두 그런 식이었네. 그리하여 김해 김 씨는 김해金海 곧 가나우미로, 박 씨는 박원朴原 곧 보꾸하라 또는 신정新井 곧 아라이라고 했네. '신정'이라고 한 것은 그 시조 박혁거세가 양산 고허촌의 나정이란 우물 곁에 놓인 박 속에서 나와 종당엔 신라를 세웠기 때문이네. 최 씨는 최崔 자를 파자하여 가산佳山 곧 가야마라고 하기도 하고, 탐진耽津 최 씨는 관향에서 취한 진津과 최를 파자한 산山을 취하여 진산津山 곧 쓰야마로, 최의 일본 음인 '사이'를 살려 좌정佐井 곧 사이라고 하기도 했다네.

손 씨는 손전孫田 곧 마고다로, 장 씨는 장본張本 곧 하리모도로, 안 씨는 안전安田 곧 야스다로 바꾼 편이 많았네. 고려 개

26

국공신인 신숭겸申崇謙의 후손인 평산 신申 씨는 관향을 성으로 삼아 히라야마平山라고 했다네. 림林 씨, 남南 씨, 류柳 씨, 계桂 씨는 일본에도 그런 씨가 있으므로 그냥 하야시, 미나미, 야나기, 가쓰라라고 일본음으로 읽기만 하면 되었네.

《사기史記》를 펴낸 사마천이 성과 씨를 혼동하여 성씨라고 쓰기 시작한 뒤로 동양 3국에선 출자出自, 곧 혈통을 나타내는 성과 계통 곧 누구의 아들이고 손자인가를 나타내는 씨를 합쳐서 쓰기 시작했다네. 그러니 혈통을 따지지 않는 일본인이 씨를 성이라고 불러도, 우리가 성을 씨라고 불러도 시비할 사람이 없게 되었지.

내 외가는 남 씨인데 외종형의 이름이 남경우南慶祐였네. 그러니까 그 이름을 일본음으로 부르면 미나미 게이유인데도, 일본인들은 그를 자꾸 미나미 게이스께라고 불렀다네. 일본인에겐 '나노리'라고 하여 이름에 사용하는 글자를 그들 나름의 새김으로 읽는 버릇이 있는데, 그에 따르면 우祐는 '스께'가 되기 때문이네. 그런데 그 '나노리'란 꽤나 종잡을 수 없고 헷갈리는 것일 뿐 아니라, 저들은 자기 성씨나 이름을 제가끔 자기 집안의 내력이나 취향에 따라 남다르게 부르기 때문이네. 내 이름 내가 그렇게 부른다는데 다른 사람들이야 그것을 존중해 줄 수밖에 없잖은가.

남차랑 이전에 조선 총독을 지낸 우원일성宇垣一成을 조선 사람들은 대개 우가끼 잇세이라고 불렀는데 그게 아니고 우가끼

가즈시게라고 불러야 한다는 것도 그렇고, 태평양전쟁 초기에 영국군의 동남아 거점인 싱가포르를 공격하여 점령한 일로 유명해진 일군 지휘관 산하봉문山下奉文은 학교 선생조차도 우리 학생들 앞에서 분명히 야마시다 호붕이라고 불렀는데 야마시다 도모유끼라고 해야 맞다는 것도 그렇네.

일왕 히로히토의 후견인 노릇을 한 서원사공망西園寺公望은 누구나 사이온지 고오모라고 읽게 마련인데 엉뚱하게도 고오모를 긴모찌라고 읽어야 한다니 도무지 뜨악하고 아리까리하게 여기지 않을 수 없네. 저들에게는 동해림東海林이라는 성씨가 있는데 그 성씨를 무릅쓴 사람들 중 한쪽에서는 그것을 '도오까이린'이라고 부르고 다른 쪽에서는 '쇼오지'라고 부른다고 하니 우리로선 어안이 벙벙해질 일이 아닌가. 그러기에 우리 조선 사람으로선 일본인 이름을 아예 우리말로 읽는 것이 속 편할 듯도 하이.

저들은 자기네 나라 이름도 두 가지로 읽는다네. 일본을 닛뽄이라고 부르다가 니혼이라고도 부르니 말이네. 하나의 나라 이름을 이렇게도 부르고 저렇게도 부르는 국민은 저들밖에 없을 것이네. 저들의 그동안 행태로 보아, 만만해 보이는 나라에 눈을 부라릴 때는 어조가 강한 닛뽄을 칭하고 저들보다 강한 나라에 알랑거릴 때는 어조가 부드러운 니혼을 칭해 온 것이나 아닌가 하네.

국민학교 때의 동무 림헌명林憲命은 저들의 말로 부르면 하야시 겐메이어서, 동무들은 그를 '잇쇼겐메이 하야시 겐메이'라고 놀려먹었네. 잇쇼겐메이는 일생현명一生懸命으로, 그 뜻이 '열심히 한다'는 말이네. 그런데 그것을 일본인은 '일생동안 목숨을 걸고 한다'고 그들 특유의 과장법을 써서 표현한 것이라네. 그는 공부를 잘했으므로 열심히 한다는 말을 들을 만도 했네.

김진표金鎭杓라는 동무는 본관이 김해여서 창씨명을 가나우미 진히요, 라고 했는데 일인 담임 선생인 요꼬다니나 동급생들은 진표鎭杓를 진히요라고 발음하기기 까다로워 매번 그를 '가나우미 진뽀'라고 불렀네. 그런데 진뽀는 일본 속어로 음경이란 말이어서 그는 동무들 사이에서 놀림가마리가 되었네. 요꼬다니 선생은 짓궂게 그를 '오이 진뽀'라고 부르면서 하하 웃었네. 조센징의 이름은 뭐 그러냐는 듯이.

당시 전라남도 지사는 엄창섭嚴昌燮이라는 평안도 사람이 었는데 그는 조선인으로서는 극히 드물게 그런 높은 자리를 얻었기 때문인지는 몰라도 그야말로 창씨개명에 딱 걸맞게 이름을 무영헌수武永憲樹 곧 다께나가 노리끼라고 아주 일본식으로 지었다네. 조선 총독의 시책에 충실하게 따른 셈이지.

소문을 듣자니 그는 젊었을 적에 힘이 장사여서 일본인 고관이 만주 시찰을 할 때 그 경호원이 되어 수행했다는 것이네.

그런데 그 고관이 한밤중에 마적 떼의 습격을 받아 하마터면 목숨을 잃을 뻔한 것을 엄창섭이 무용을 발휘하여 구출해 줬다는 것이네. 그 고관은 엄창섭을 생명의 은인으로 알아 조선총독부 관리가 되게 해 줬고, 그는 환로宦路의 사닥다리를 탈 없이 타고 올라가 지사 자리에 앉게 되었다는 것이네. 그는 나중에 총독부 학무국장으로까지 올라갔네.

나는 그를 무슨 기념식장에서인가 보았는데, 배가 불룩 튀어나온 허우대가 큰 사람이었네. 그런 그가 아들을 일본인 학교에 보내지 않고 조선인 학생들만이 다니는 서석국민학교에 보낸 것을 보고 사람들은 한바탕 놀랐다네. 그 아들은 나와 같은 해에 입학한 동기생이었네. 그는 도지사의 아들이란 딱지가 붙은 탓에 동급생들이 그를 멀리하고 따돌릴까 봐 되레 우리 동급생들과 어울리지 않았네. 그래서 그는 늘 외톨이었네. 그런 저런 일들로 '다께나가 도지지 각가'는 광주에서 유명했네.

같은 엄 씨 중에 엄이섭嚴珥燮이란 사람이 있었는데, 그는 자기 이름에 손대기가 싫어 그대로 놔두고 이름 밑에 '이다'라는 말인 '야也'를 붙인 엄이섭야를 정사무소 호적계에 창씨개명이라고 신고했다는 것이네. 그러자 그 직원이 호적에 엄이嚴珥 두 자를 성씨로 올렸으므로 그는 졸지에 성과 이름 첫 자를 합친 '엄이'를 성씨로 갖게 되었다는 것이네. 엄이섭야를 일본말로 읽으면 '나루야 겐지'가 되니 그 소리만은 일본 이름 같다고나 할까.

만담가 신불출은 창씨개명을 하라는 저들의 성화에 부아가 나서 이름을 강원야원江原野原 곧 '에하라 노하라'라고 신고했다는 것이네. 그것은 '에라 놓아라'라는 말에 빗대어 저들을 비야냥한 것이 아니겠는가. 내 생각이네만 불출不出이란 이름도 아비가 아들에게 그런 이름을 지어줄 리 없고 보면, 그것은 자기를 낮추기 위해 겸손을 떤 예명인 듯한데 저들을 쓸까스르는 그런 이름을 생각해 낸 것도 그의 기지를 엿보이게 하는 대목이라 할까. 아무튼 그 일은 온 조선에 화젯거리가 된 탓인지 그랬다더라, 라는 입소문으로 남도에도 전해졌네.

2

내가 국민학교에 들어간 해는 저들이 중일전쟁에 이어 그동안 별러 온 미국을 상대로 태평양전쟁을 일으킨 해였는데, 저들의 연호로 소화 16년이고 서력으로는 1941년이었네.

우리가 여러 천년 동안 대대로 삶을 영위해 온 터전인 이 강토를 그때 저들이 강점하고 있었으므로 우리는 부득불 저들의 연호를 쓰지 않을 수 없었네. 남의 연호를 무릅쓴다는 것은 자의

든 타의든 그 다스림이나 간섭에 복종한다는 의사 표시가 된다
고 예로부터 동양에선 생각해 왔네. 아니, 어디 동양뿐이겠는가
서양도 마찬가지지. 그러기에 실제로는 대수롭지 않은 일 같지
만, 자기 연호를 쓴다는 것은 자주 독립을 담보한다고 여겨져 왔
던 것이네. 단재 신채호가 묘청의 칭제건원稱帝建元운동을 고려
조선을 아우르는 1천 년간에 일어난 가장 큰 사건이라고 주장한
것도 그 때문이 아니겠는가.

　그러나 어쩌겠는가. 딱하게도 우리가 정신을 못 차리고 힘
을 기르지 못한 탓에 나라를 저들에게 먹히고 만 것을. 일본 연
호를 쓰기 싫다고 이미 명줄이 끊긴 근세 조선의 개국 몇 년이나
또는 대한제국의 마지막 연호인 융희를 계속해서 쓸 수도 없지
않은가.

　우리 국조는 단군 한배검이니까 단기檀紀를 일세일원一世
一元이 아닌 만세불역萬世不易의 연호로 삼으면 우리에겐 가장
합당한데도 왜놈이 못쓰게 했네. 저들의 역사를 다 합해 봐야 천
몇 백 년밖에 안 되는데, 우리 역사는 단군 조선부터 따져도 4천
년이 훨씬 더 되기 때문에 열등감을 느낀 탓이기도 하겠지. 저들
은 뒤늦게 소화 15년이 자기네 기원 2600년이라고 근거도 없이
날조하여 크게 선전했지만, 그래봐야 우리의 반절밖에 안 되는
것 아닌가. 패전 후엔 그런 허황한 주장이 쑥 들어갔지만.

학교에선 일본말도 모른 채 갓 입학한 나와 동무들에게 들이닥짝 일본어를 국어라고 들이대면서 가르쳤네. 그처럼 우리 세대는 우리글보다 일본글을 먼저 배웠다네.

내가 배정받은 1학년 3조組의 담임 선생은 이름이 리경화 李瓊華였는데 40대 중반의 조선 여성이었네. 교직 생활을 오래 해 온 그녀는 우리를 손자라도 대하듯 능숙하게 다뤘네. 일본말로 우리를 가르치다가 잘못 알아들으면 다시 조선어로 알아듣게 설명했네.

학교 선생인 그녀가 왜 창씨개명을 하지 않았느냐고? 그녀뿐 아니라 도지사를 지내고 '조선 사람이 황국신민이 되기로 맹세한다'는 '황국신민의 맹세'를 지은 김대우金大羽 같은 아주 드러난 친일파도 하지 않았네. 저들은 조선 사람에게 창씨개명을 강요하지 않았다는 본보기로 내세우기 위해 총독부 시책에 협조하는 사람들 중 천 사람에 한 사람쯤은 원래 이름을 그대로 쓰게 한 줄로 아네.

국민학교 2학년으로 올라가자 일본인 남자 선생이 담임이 되었네. 그의 이름은 소노다 와헤이園田和平였는데, 일본말로 우리 학생들을 가르쳤네. 그는 조선말도 약간 할 줄 알았으므로 우리는 그런대로 수업을 받는 데 지장이 없었네.

그런 정황 속에 내가 3월에 국민학교에 입학한 해의 12월 8

일 일본의 기동함대는 하와이 진주만을 선전포고도 없이 함재기들을 발진시켜 공습했네. 그것이 곧 미일전쟁의 단초였는데, 저들은 그것을 '대동아전쟁 발발'이라고 목청껏 외쳐 댔네. 비슷한 시기에 일본군은 동남아시아 작전을 벌여 영국군이 점유하고 있던 싱가포르를 공격하여 이듬해 2월 중순에 함락시켰네.

일인들은 태평양전쟁 벽두에 싱가포르를 점령하자 광희했네. 저들은 즉시 그 이름을 쇼난昭南으로 바꾸고 '싱가포르 함락의 노래'를 만들어 우리에게도 가르쳐 주면서 줄창 부르게 했네. 그 노래는 성난 짐승의 울부짖음과도 같았네. 학교에선 어찌나 그것을 배우도록 다그쳤는지, 70여 년이 지난 지금도 그 노랫소리가 귓전을 맴도네. 그 첫 구절을 한번 들어볼라나.

갓다소 닛뽄 단지데 갓다소
베이 에이 이마꼬소 게끼메쓰다

우리 말로 옮기면 이렇네.

이겼다 일본 단연코 이겼다
미 영 이제야말로 격멸이다

일본군의 산하봉문이 영국군 사령관 퍼시벌을 만나 '예스냐 노냐'라고 항복을 요구하는 장면을 찍은 사진은 안 본 사람이 없을 만큼 널리 유포되었고, 곧바로 우리가 배우는 교과서에도 실렸네. 또 그 말은 너무나 유명해졌으므로 우리 또래 학생들조차도 전쟁놀이를 하면서 상대편 대장을 붙잡기라도 하면, 항복을 요구하면서 으레 "예스까 노까"라고 물었다네.

3월 들어 우리가 2학년으로 올라가자마자 각급 학교 학생들은 전승 축하 시가행진에 내몰렸네. 국민학교 1학년생은 막 입학한 참이라 그 행사에서 뺄 수밖에 없었으므로 그 행진에 동원된 최저 학년은 바로 우리였네. 나는 종이로 만든 작은 일장기를 손에 들고 흔들면서 '갓다소 닛뽄 단지데 갓다소'를 되풀이하여 부르면서, 행렬의 뒤꽁무니에 붙어 명치정 거리 역전 거리를 돌고 돌아 광주천 건너편의 귀정龜町 시장 앞길까지 행진했네.

그런데 그곳은 포장이 안 된 길인데다 며칠 전에 내린 봄눈이 녹아 몹시 질척거렸네. 그래서 내가 신은 운동화는 운두까지 진흙탕에 파묻히고 발을 옮길 적마다 반 뼘씩 앞으로 미끄러졌네. 한나절이나 행진대열을 뒤쫓아 다닌 나는 몸이 나른해졌네. 잇달아 흔든 탓에 찢어진 일장기를 나는 흙 반죽이 된 시장 앞길의 니녕泥濘 속에 살짝 버리고 이미 후미가 흐트러진 행진대열에서 벗어나 집으로 돌아왔네.

35

얼마 후에 저들은 싱가포르 함락을 기념하는 선물이랍시고 학생들에게 흰 고무공 하나씩을 나눠 줬네. 그런데 그 공은 품질이 조악해서 내가 우리 집 마당에서 몇 번 가지고 놀자 이내 찢어지고 말았네. 나는 화가 나서 '뭐 이런 공을 다 줬냐'라고 불평하면서 그것을 힘껏 내던져 버렸네. 하기야 수많은 학생들에게 나눠 줄 공을 벼락치기로 만들었다면 그 만듦새를 알조 아니겠는가.

......

소노다 선생은 3학년 때 담임선생인 요꼬다니와는 달리 얼굴이 끼끗하고 성품도 너그러웠네. 요꼬다니는 땅딸막한 체구에 성격이 강파른 안경잡이였으니까. 그는 조선 사람을 동정이라도 하듯 우리에게 말했네. "너희는 식민지 소년이어서 알게 모르게 차별을 받는 처지에 놓여 있다. 그러니 공부를 더욱 열심히 하여 그 불리함을 이겨 내야 한다. 절대로 일본 소년에게 져서는 안 된다." 그는 '져서는 안 된다'는 일본말인 '마께데와 나라나이'를 힘 줘 거듭 말했네.

그런데 소노다 선생은 우리 앞에 나타난 첫날, 출석부를 들고 학생들을 호명하면서 내 이름을 '가네야먀 히도가메'라고 불렀네. 일인들이 으레 그러하듯 인귀를 일본말의 새김으로 읽으면 히도가메가 되기 때문이네. 나는 쑥스럽다는 듯이 일어나서 일본말로 항의했네.

"내 이름은 가네야마 징끼입니다. 히도가메가 아닙니다."

소노다 선생은 히죽 웃으면서 말했네.

"아 그런가. 히도가메가 좋지 않은가? 아까징끼도 아닌데 징끼가 뭐냐."

가정에서 흔히 소독액으로 쓰는 머큐로크롬을 저들은 그 색이 붉다고 해서 아까징끼라고 했네. 같은 조 동무들은 그 뒤로 나를 '아까징끼'라고 놀려먹었네. '히도가메'란 별명도 얻었지.

나이배기인데다 덩치가 커서 '다이쇼' 곧 대장이란 별명으로 불렸던, 창씨 성이 노야마란 짓궂은 동급생이 그의 꼬붕 서너 명과 함께 나와 내 짝꿍 최재식 곧 사이사이 쇼꾸佐井在植를 사람들이 잘 다니지 않는 골목으로 데리고 가서 싸움을 붙였네. 사이사이 쇼꾸의 별명은 '빵꼬'였으므로 우리는 그를 '사이 빵꼬'라고 불렀는데, 그 별명을 붙여 준 장본인도 노야마였네. 그는 동무들 앞에서 최재식의 누나가 우리 학교 멋쟁이 음악 선생과 '빵꼬'를 해서 그곳 '오망고'가 빵꾸났다고 제멋대로 떠들어 대면서 그런 별명을 붙여 줬다네.

노야마 다이쇼는 나와 사이 빵꼬에게 말했네.

"늬 둘은 키가 비슷한디 누가 더 힘이 센지 어디 한번 붙어 보랑께."

겁이 많은 나는 그만 사이 빵꼬와의 멱살잡이에서 지고 말았네. 싸움을 해 본 적이 없는 나는 숨이 가빠지고 가슴이 벌렁거려 제풀에 땅바닥에 엉덩방아를 찧고 말았기 때문이네. 골목 대장 노야마 다이쇼는 그 싸움에서 진 나를 '요와무시'라고 놀려 대면서 괴롭히고 짓궂게 굴었네. '요와무시'는 겁쟁이라는 뜻의 일본말이네.

그러나 그는 얼마 못 가 내 눈치를 살피며 고분고분해졌다네. 덩치만 컸지 아직도 잠자리에서 오줌을 못 가리는 오줌싸개임을 나에게 들켰기 때문이네. 나는 어느 날 이른 아침에 길갓집에서 사는 노야마네 집 앞을 지나다가 그 안에서 큰 소리가 터져 나오는 것을 듣고 멈춰 서서 엿들었네. 그의 어머니는 "또 이불에다 오줌을 쌌구나"라고 악을 쓰면서 그에게 야단을 치더군. 그에게 시달려 온 나는 그의 약점을 잡게 되어 마음이 후련했네. 나는 그에게 다가가 넌지시 그 일을 내비쳤지. 그러자 그는 자기 비밀을 소문내지 말라고 부탁하면서 도리어 내 눈치를 살피며 알랑거리게 되었다네.

나는 사이 빵꼬와 싸우는 꿈을 꿨는데, 꿈 속에서는 내가 그를 땅바닥에 메치고 흠씬 두들겨 줬네. 나는 또 길거리를 건너다 어떤 소년이 탄 자전거에 치여 넘어지면서 뒤통수를 땅바닥에 찧은 일이 있었는데, 그 때문에 머리가 나빠지지는 않았을까, 라고 걱정했고, 그 뒤로도 문득 문득 그 걱정이 되살아났네. 그러나 꿈 속에선 내가 그 소년을 자전거로 치여 쿵 소리가 나게 그를 넘어뜨렸네.

　　……

　내가 학교에 들어간 무렵부터 갑자기 상점이나 시장에서 파는 물건들이 품귀해지고 값도 뛰어올랐네. 저들이 미국을 상대로 일으킨 전쟁 탓인 듯했네. 나보다 3학년 위인 형 인학의 책가방은 쇠가죽으로 만든 제품으로 가방 덮개에 큰 붉은 꽃이 찍힌 것이었으나, 학교에 입학한 내게 사 준 책가방은 두꺼운 마분지에 국방색 천을 씌운 것이었네. 당시엔 책가방을 란도세루라고 불렀네. 나는 어머니에게 왜 형의 것과 같은 가죽 란도세루를 사 주지 않느냐고 투정을 했네. 어머니는 말했네.

　"그런 가방은 이젠 상점에서 자취를 감췄어. 설혹 있다 한들 값이 비싸졌을 테니 사 줄 수도 없게 되었구나. 가죽도 군수물자로 모두 징발 당하는가 보더라."

　그래서 나는 마음에 들지 않은 국방색 가방을 등에 메고 학교에 다녔네. 나중에 국민학교 4학년 무렵이 되자 가죽가방뿐 아니라 점심밥 그릇인 알루미늄 벤또도 상점에서 살 수 없게 되었으므로 어머니는 나무 그릇에 일본 칠을 칠한 벤또를 사서 점심밥을 싸 줬네. 나는 그 나무로 된 벤또를 가지고 학교에 다녔는데, 점심시간에 꺼내면 역겨운 일본 칠 냄새가 내 얼굴에 확 끼쳐 몹시 비위를 거스르게 했네. 그러나 어쩌겠나. 고픈 배를 채우려면 그런 냄새나는 밥이라도 목구멍으로 넘겨야지.

어머니는 모처럼 내게 구두 한 켤레를 사 줬는데, 그것은 쇠가죽 제품이 아니라 돼지가죽으로 만든 이른바 돈피화豚皮靴였네. 쇠가죽으로 만든 구두는 살래야 살 수 없었으니까 어쩔 수 없이 그렇게 한 것이라네. 나는 운동화를 벗어 버리고 구두를 신게 되었다고 좋아했네. 그런데 돈피화는 가죽이 너무나 거칠고 뻣뻣해서 며칠 신지도 않았는데 발등과 발가락 사이의 살갗이 구두의 속가죽에 씻겨서 헐고 말았네. 나는 그 구두를 툇마루 구석에 처박아 두고, 그 헌 데에 반창고를 붙이고 다시 낡은 운동화를 꺼내 신었네.

......

우리 집에서 학교까지 행길로 걸어서 가면 15분쯤 걸렸네.

나는 아마도 3학년 때까지 그 행길로 가지 않고 길 가에 죽 늘어선 허름한 집들의 뒤쪽으로 뚫린 고샅길을 걸어서 등교했던 것 같네.

행길보다 서너 자쯤 낮은 턱이 진 고샅길이 개울을 끼고 나 있었는데, 가다 보면 개울보다 길이 낮아져 개울물이 길 위로 스며들었네. 나는 조약돌들로 덮여 있어 밟으면 머구리 울음소리가 나는 좁은 고샅길 위로 잔잔하게 흐르는 물을 자분자분 밟으면서 걸어가기를 좋아했네. 이쪽저쪽을 해찰하면서. 그러노라면 등교 시간이 반 시간이나 걸렸네.

우리 집에서 두어 마장쯤 떨어진 곳에 개울을 가로지르는 다리가 놓여 있고 그 옆에 돌미륵 한 쌍이 가슴께까지 흙 속에 묻혀 있는 반달 모양의 빈터가 있었네. 거기엔 이제는 전선을 다른 곳으로 옮겨 쓸데없어진 전봇대 하나가 서 있었네. 서너 가닥의 굵은 철사를 꼬아 만든 두 가닥 쇠줄이 그 전봇대의 8푼 높이에 동여매져 있었고, 그것들은 양쪽으로 팽팽하게 당겨져 땅바닥에 고정돼 낡은 전봇대를 지탱하고 있었네.

어느 여름날 아침에 등교하면서 그 고샅길을 지나다가 보니, 나팔꽃 덩굴이 그 두 쇠줄을 휘어감고 전봇대 꼭대기까지 뻗어 있었고 더 올라갈 데가 없자 하늘을 향해 흔들흔들 고갯짓을 하고 있었네. 그것은 흐드러지게 핀 나팔꽃으로 이뤄진 꽃탑이었네. 나는 그 나팔꽃 탑을 보고서야 나팔꽃은 한두 송이 피어 있을 때보다 수많은 꽃송이들이 한데 어우러져 피어 있을 때가 훨씬 아름답다는 것을 비로소 알게 되었네. 나팔꽃, 그때 보았던 나팔꽃들을 나는 잊을 수 없네.

그 고샅길이 개울보다 낮아진 어름에 일인 원예사가 가꾸는 분재원이 있었네. 그가 댓조각들을 엮어서 만든 나지막한 분재원 울타리 가장자리로는 스위트피를 줄줄이 심어 놓았었네. 초가을을 맞아 스위트피 덩굴은 엷은 자줏빛 꽃망울들을 이마에 이고 있었는데, 아침이슬을 머금은 채 고개를 숙인 꽃망울들이 그 곁을 지나는 나에게 어찌 그리도 아련하고 애틋함을 느끼게 했는지 모르네. 그래서인지 스위트피는 지금토록 내 마음속에 아리따운 모습으로 각인돼 있네. 사랑스럽고 예쁜 꽃들이 하고 많음에도 너무나 흔한 나팔꽃과 돔부꽃이나 진배없는 스위트피 꽃이 내게 그런 감동을 안겨 줬음은 내가 있었던 그때 그곳에 그 꽃들이 제 나름으로 피어 있었기 때문이었을까?

......

아스라이 들려오던 전쟁의 공음轟音인 군화의 발자국 소리가 점점 가까워지면서 세상은 어수선해졌네. 저들은 전시총동원이란 것을 발동시켜 조선의 젊은이들을 징용과 징병으로 강제로 끌고가기 시작했네. 꽃다운 나이의 조선 처녀들을 여자로서 전쟁에 봉사하는 정신대挺身隊에 들어가게 해 준다면서 온갖 말로 꾀어 내거나 협박하여 강제로 끌고 가서는 일본군 병사들의 성욕을 풀어 주는 도구로 삼았네.

일인 병사들은 그들을 '조센삐'라고 부르며 성의 노리개쯤으로 여겨 마구 유린하고 능멸했는데도 저들은 그런 그들을 얼토당토않게 야마또 나데시꼬大和撫子라고 그 가족이나 조선 사람들에게 선전했다네. 소년이었던 나도 그 말을 얻어들을 정도로. 야마또 나데시꼬는 나데시꼬, 곧 패랭이꽃의 한 종류인데 저들은 그것을 자기네 일본 여자를 추어올리는 말로 쓴다네.

그런 어수선한 분위기 속에서도 내가 집이라는 울타리 밖으로 한 발짝 내디딘 나의 작은 세계는 아직은 집과 유리돼 있지 않은, 그런 모진 바람이 불어닥치지 않은 안온하고 정밀靜謐한 세계였네. 현실과 유리된 동화 속 세계였네.

국민학교 3학년으로 올라가면서 내 방을 갖게 되자 나는 기뻐서 가슴이 뿌듯했고 나는 나만의 공간인 독방에 누워 생각을 이리저리 굴렸네. 그럴라치면 천장은 슬금슬금 내려오고 벽은 슬쩍슬쩍 다가왔는데 나는 요술쟁이라도 된 듯 그 어름에 숨어 있는 애기 주머니를 꽉 붙잡아다 놓고 그 속에서 애기들을 꺼내 내게 속삭이게 했네. 그러나 그 얘기 주머니는 도깨비 감투를 쓴 모갑이처럼 보이지도 않고 자리를 차지하지도 않았네. 발을 내디디기도 어렵게 방 안을 빼곡하게 차지한 것은 장난감들과 온갖 잡동사니들이었네. 그곳은 아늑한 무풍지대이고 내 마음에 별로 들지 않는 소란한 바깥세상을 내 보금자리에 아우르는 나만의 세계였네.

어머니는 그런 내 방을 들여다보고 "마치 낮도깨비가 사는 굴왕산 같구나"라고 말했네. 나는 어둑시근한 그 굴왕산 속에 들어앉아 노상 백일몽에 빠져들었는데, 그 꿈을 우리말로도 꾸고 이젠 제법 익숙해진 일본말로도 꾸었네.

나는 각시거미가 되어 아침 일찍 거미줄을 곱게 쳐 놓았는데, 꿀벌 한 마리가 줄에 걸려 바둥거리고 있었네. 나는 아침밥으로 저놈을 잡아먹을까 하고 다가가다가 꿀벌이 불쌍하다는 생각이 들어 줄을 끊어 살려 보냈네.

나는 인학 형한테서 활빈당 행수가 되어 가난한 사람들을 도와 준 홍길동 얘기를 듣고, 그러한 그를 동경해 온 터라 불현듯 약자를 괴롭힐 수 없다는 생각이 들어서였네. 나는 홍길동이 세운 율도국이라는 이상향을 부러워했으나, 언젠가 윤지 당숙에게서 들었던 임금도 없고 세금도 없는 의도義島라는 이상향은 '그렇담 나라를 유지하는 데 드는 비용은 어떻게 마련하며 나라의 질서는 누가 세운단 말인가'라는 생각이 들어, 그런 곳은 공상 속에서나 그려 볼 수 있는 곳이 아닐까, 라고 어린 나로서도 머리를 절레절레 흔들었네. 그러니 이상향이란 율도국이든 의도이든, 인간이 탐욕을 버리지 않는 한 '이 세상 어디에도 없는 곳' 곧 무하유향無何有鄕이 아니겠는가.

......

학교 교무실 옆 교재 창고에는 가미시바이가 열대여섯 틀이나 있었네. 그것은 무대처럼 만든 나무 틀 안에 겉면엔 일본의 동화나 역사 얘기를, 뒷면엔 그 내용을 인쇄한 빳빳한 종잇장들을 끼워 넣은 것이라네, 요꼬다니 선생은 틈틈이 그것을 교실로 가져 와, 그 한 편의 얘기를, 겉면에 인쇄한 그림을 한 장 한 장 빼면서 뒷면의 내용을 마치 무대 위의 배우가 대사라도 뇌는 듯한 억양으로 구연口演했네.

당시는 저들이 조선의 어린 학생들을 아예 일본인으로 동화시킬 계획 아래 일본어를 국어라고 가르쳤던 때라 가미시바이의 얘기는 하나같이 일본의 동화이거나 전장에서 용맹을 떨친 일본 군인의 무용담들이었네. 그 얘기들 중에는 '가구야 히메'도 있고 '잇슨보오시'도 있었으나 '우라시마 다로'의 얘기는 지금도 잊히지 않네.

우라시마 다로가 거북 등을 타고 용궁에 들어가 3년 동안 꿈같은 세월을 보내다가 아리따운 오또 히메가 선사한 옥상자를 들고 귀향하지만, 호기심에 못 이겨 열어보아서는 안 된다는 그 상자를 열어보자 그 안에서 흰 연기가 피어오르면서 그도 그만 백발노인이 되고 말았다는 것이네. 소년이었던 그가 파파 할아버지로 바뀐 것이 나에겐 어찌 그리도 서운하고 아쉽게 여겨졌던지. 그나저나 용궁의 하루가 뭍에서의 한 해이듯, 굴왕산 속의 하루는 바깥세상의 한 해처럼 느리게 느리게 흘러갔네.

3

당숙 김윤지金允智는 자가 형숙亨淑이고 호는 품전品田이었네. 그런데 그와 교유하는 사람들은 그의 호를 부를 때 품전이라고 부르기보다는 '칠구七口' 또는 '칠규七竅'라고 불렀다네. 그 호를 파자破字하면 입 구口가 일곱 개이고 또 그것을 구멍으로 쳐도 일곱 개였기 때문이었다네.

사람의 몸에는 구규九竅 곧 아홉 개의 구멍이 있는데, 일곱 개는 얼굴에 있고 두 개는 배꼽 아래 은비隱秘한 곳에 있다는 것쯤이야 모를 사람이 있겠는가. 얼굴에 있는 일곱 구멍은 드러나 있다고 해서 양규陽竅라고 말하고 아래에 있는 두 구멍은 감춰져 있다고 해서 음규陰竅라고 말한다네.

당숙의 친구들은 "사람들이 자네를 칠규 선생이라고 부르는데 자넨 정녕 양규만을 가졌단 말인가? 몸 안의 찌꺼기를 배설하는 음규는 불결해서 상대하지 않겠다는 겐가. 감로수를 받아 마시고 사는 신선이라면 배설이 필요치 않겠지만"이라고 농조로 당숙을 구슬렸다고 하데. 그러나 그는 소이부답笑而不答했다는 것이네.

어떤 이가 "아호를 품전이라고 지은 이유가 무엇이오?"라고 굳이 물었지만 역시 웃기만 할 뿐 대답하지 않았다고 하데. 그의 무언의 대답인즉 '내 얼굴엔 일곱 개나 되는 이목구비의 구멍이 번듯하게 뚫려 있건만 정작 세상을 보는 마음의 구멍은 막혀 있기에, 그것을 자조하고자 그렇게 지었소'라는 것이 아니었을까?

그는 친구들과 어울린 술자리에서 가까스로 아호 풀이를 했다고 하데. 글자 그대로 여러 품종의 곡식을 심은 밭이란 뜻으로 그렇게 지었노라고. 그런데도 그의 지인들이 그의 호를 두고 이러쿵저러쿵 여러 말들을 하자 그는 이런 얘기를 했다네.

"자네들도 알고 있듯이 옛날 풀 자루처럼 구멍 하나 없이 두루뭉수리로 생긴 혼돈이란 사람을 그의 친구 숙과 홀이 답답하게 여겨, 보고 듣고 먹고 숨 쉴 수 있게 구멍을 뚫어 줬더니 그만 죽고 말았다지 않은가. 그러니 내 호에 대한 구멍타령은 제발 그만하게."

그 뒤로 당숙은 '천자문'의 마지막 두 글자 '호乎'와 '야也'를 취하여 호야당乎也堂이란 당호를 짓고 스스로도 그렇게 불렀다네. 그 말에야 무슨 뜻이 있을 리 없었으니까.

저들이 우리에게 창씨개명을 강요하자 호야당은 그것을 거부하기 위해 광주의 집을 팔고 무등산이 멀리 바라다보이는 광산군 제메란 시골 마을로 이사했네. 국민학교 2학년에 재학 중인 외아들 인표仁彪를 자퇴시켜 데리고. 어렸을 적 당숙은 내겐 종조부가 되는 그의 아버지가 시키는 대로 학교에 다녔지만 철이 들고 일제를 증오하게 된 뒤로는 저들이 13도 곳곳에 세운 각급 학교를 몹시 못마땅하게 생각했다네. 그런지라 아들 인표를 종조부 뜻에 따라 학교에 보내긴 했으나 그만두게 할 구실을 찾고 있었던 터에 저들의 그런 조치가 내려지자, 아들을 창씨개명하게 하면서까지 학교에 보낼 수 없다면서 그렇게 했다네. 그는 아들에게 일인들과 상종케 하거나 그들 밑에서 밥 벌어 먹을 짓도 시키지 않겠다고 이웃 사람들에게 다짐했다네.

윤지 당숙이 다른 곳이 아닌 그곳으로 이사 간 까닭은 거기

엔 그가 유산으로 물려받은, 살림을 차릴 수 있는 몇 칸짜리 초
가와 논 열다섯 마지기와 마을 뒷산 언덕배기에 밭 2백 평이 있
었기 때문이었네. 그는 그 논밭을 이제까지는 소작인에게 내줘
경작시켰는데 제메로 내려간 김에 손수 농사를 지어 볼 요량을
했다는 것이네.

　　당숙은 아무리 농사를 짓더라도 공부를 중단할 수는 없다
면서 새로 이사한 집 앞에 3칸짜리 초가 한 채를 짓고 그곳을 서
재 겸 서당으로 삼았다네. 호야당은 그 서당에 '무등지숙無等之
塾'이란 현판을 내걸고 청소년과 노·장년을 가리지 않고 한문과
우리 역사를 배우려고 하는 사람이라면 누구나 학생으로 받아들
였네. 이름 그대로 '무등산 아래 있는 등급이 없는 배움집'인 셈
이었지.

　　서당을 다니는 소년들에게는 두 부류가 있었다네. 전통과
인습을 고수하려는 완고한 집안 어른의 '신식 교육이 사람 망친
다'는 성화에 못 이겨 마지못해 다니게 된 축과 학교란 것이 일
제의 침략에 묻어 들어온 것이니 자식을 학교에 보내지 않는 것
이 항왜의 한 방법이라고 여긴 부모 생각에 따라 다니게 된 축이
라는 것이었네.

　　그럼에도 신식 교육을 받지 못하거나 일본말을 지껄이지
못하면 사회에 나가 봐야 취직이 안 될 뿐더러 농사나 지으려면

모를까 상공업에도 종사할 수 없는 현실을 나이가 들어감에 따라 절실하게 느끼게 된 소년들은 서당을 떠나 검정시험 따위를 쳐서 학교로 옮겨 갔다네. 그러나 서당에 남아서 공부하겠다는 갸륵한 생각을 가진 학생들이 아주 없지도 않았다네.

호야당 당숙은 수업료라 할 강미講米를 학생들이 자기 집 생활형편에 따라 내는 대로 받았으므로 훈장 노릇만으로는 부자 두 식구의 생계조차도 꾸리기가 어려웠다네. 그가 서당을 연 뜻도 애당초 강미를 받아 생활하자는 것이 아니고 그가 터득한 지식과 사상을 여러 사람들에게 전수하고 싶은 생각이 들어서였다네. 사실 그가 시골로 내려오기로 결심한 것은 사람이 사는 데 필요한 것들을 소비만 하는 자기 자신에게 죄책감을 느껴, 농업에 종사함으로써 생산하는 사람이 되어 보겠다는 숨은 바람이 있었기 때문이라는 것이었네. 그러니 서당을 차린 것은 본업에 따른 가외의 일이었다고 할 것이네.

그는 논 열다섯 마지기 중 여덟 마지기는 기왕에 그 논을 붙여 왔던 소작인에게 도로 내주고 일곱 마지기는 손수 경작했는데, 혼자 힘만으로는 그 농사를 감당할 수 없었으므로 갓 스무살에 장가를 든 정만근鄭萬根이란 착실한 청년으로 하여금 그의 아내와 함께 그 집에 와서 신접살림을 차리게 했다네. 윤지 당숙은 진즉 상처한 처지라 안채를 차지할 주부가 없고 아직 어린 인표를 돌봐 줄 여인의 손길도 없었으니까. 당숙이나 만근에게는 서로 잘 된 일이었지. 그러나 그러고도 농번기인 모내기와 벼 베기 철에는 일손이 모자라 일당인 삯을 주고 놉을 얻어 농삿일을 갈무리했다네. 그는 서당에서 학생들도 가르쳐야 했으므로 시간을 내어 이웃끼리 품앗이로 서로 돕는 두렛일에는 끼지 못했다네. 그는 지난날 추수철에는 소작인과 함께 수확한 볏다발을 모아 놓고 뭇갈림을 하면서 소작인의 몫을 4대 6으로 나눴다네. 다른 지주들은 대개 소작인과의 뭇갈림을 5대 5로 했고 악덕지주는 그것을 6대 4로 하기도 했으므로 그는 그때도 그들로부터 눈총을 받았다는 것이네.

그런데 낙향하고 나서 소작인에게 내준 논을 반절가량이나 거둬들였으므로, 그것을 미안하게 여긴 당숙은 소작인에게 내준 논에서 수확한 벼는 그가 차지하는 몫을 열에서 셋으로 줄여 줬다네. 그러자 여러 지주들은 그를 비난하고 나섰다네.

"뭔 저런 사람이 다 있당가. 그래 자기만 소작인에게 인심 쓰면 우리는 뭐가 되라고. 배아지가 땃땃한 모양이제."

그러나 그런 일에는 강한 소신을 가진 당숙이라 그 비난을 들은 척 만 척 했다네.

당숙은 그 젊은 농군 만근에게 틈틈이 글을 가르쳤네. 그가 글을 읽다가 싫증을 내는 기색이라도 보이면 그를 격려했다네.

"옛 어른들도 주경야독했느니라. 동이東夷 사람 순임금은 젊었을 적에 역산에서 밭을 갈았으나 종당엔 지나인들이 숭앙하는 성군聖君이 되었느니라. '순은 어떤 사람이고 나는 어떤 사람이냐. 다 같은 사람인데 내가 그만 못할 것이 무엇이냐'라는 각오로 공부하면 너라고 큰 인물이 되지 말란 법이 어디 있다더냐." 그러나 그런 말을 할 적마다 당숙은 마음속으로 그가 사숙私淑해 온 선현들의 면괴스러운 눈초리를 느꼈다는 것이네. '그러는 너는 지금 무엇이 되어 있느냐. 네 나이 벌써 불혹을 바라보는데도 이뤄 놓은 게 뭐란 말이냐'라고 스스로를 책망했다는 것이네.

김윤지는 단기 4238년에 태어났다네. 그 해는 조선 개국 514년이고 대한제국 광무 9년이자 러일전쟁에서 러시아가 패전하고 이등박문의 협박 아래 을사늑약이 날조된 해였네. 그는 대한제국 신민으로 고고성呱呱聲을 올렸으나, 여섯 살 때 경술국치를 당해 아무 영문도 모른 채 어린 망국민이 되었다네. 그리고 민적엔 일본 연호인 명치明治 38년생으로 등재되었다네.

대한제국 우정국郵征局이 일본 연호를 쓰기 시작한 것도 을사년 전후 무렵부터였던 것 같네. 나의 증조부이자 윤지 당숙의 종조부는 광주의 유지였는데, 광주농공은행의 설립에 앞장섰다네. 그러나 여러 해에 걸친 각고의 노력으로 설립 준비를 끝내고 서울의 담당기관에 인가를 요청했지만 거부당했다네. 거부당할 이유가 없는데도 그렇게 된 것은 저들이 이미 그런 일까지도 간섭하여 인가하지 못하게 막았기 때문이라는 후문을 들었다는 것이네.

나는 지금도 오래된 전보 송달지 한 장을 가지고 있네. 그것은 은행 인가를 얻으려고 서울에 간 '전'이란 성을 가진 실무자가 그 결과를 광주에 보낸 것으로 여겨지네. 그 내용은 아래와 같네.

수신인 거소居所 씨명 광쥬농공은 힝
발신인 거소 씨명 젼
발국 광화문 제2호 수부 6월 28일 오전7시 25분
착국 광쥬 제1호 수신 오전 8시 24분

그리고 통신란엔 '환숑'이란 두 글자가 쐬어 있네.

그 전보에는 착국인 광주국의 일부인이 찍혀 있는데, 40, 6, 28로로 되어 있네. 곧 일본 연호인 명치 40년 6월 28일을 나타낸 것이네. 또 전보를 봉함한 인지에는 '대일본제국 전신'이란 한자와 'IMPERIAL JAPANESE TELEGRAPH'란 영자가 위아래로 인쇄되어 있네.

내 할아버지가 내간상內艱喪, 곧 모친상을 당했을 때 받은 조문 편지봉투에 붙은 국화 무늬 우표도 일본에서 발행한 것이고 41, 4, 2, 란 소인도 일본 연호임은 말할 것도 없네. 아직 경술국치를 당하기 4년 전인데도 말이네.

기미년 만세운동은 열다섯 살 난 김윤지에겐 그때까지 겪어 보지 못한 큰 설렘과 함께 부끄러움을 안겨 준 사건이었다네. 만세운동에 참가하기엔 나이가 어렸던 그였기에 아무도 조직된 시위대열에 그를 끼워주지 않았다네. 그러나 시위 광경이 보고 싶어진 그는 길거리로 나섰다가 군중 사이에 휘말렸고 '독립 만세'를 외치던 어른들이 총칼을 든 일본 순사와 헌병들에게 사정없이 구타당하고 짓밟히면서 끌려가는 것을 목격하곤 겁이 나서 골목 안으로 달아나고야 말았기 때문이라네.

그로부터 꼭 10년 뒤에 일어난 광주학생운동사건도 그의 마음속에 씁쓸한 기억으로 남아 있다는 것이네. 이번엔 거꾸로 광주고보 학생들이 주도한 그 항일운동에 그가 끼어들기엔 나이가 너무 많아 방관자가 되어야 했기 때문이었다는 것이네.

그는 다만 자기 집 대문 앞 빈 터에 겨울을 나려고 쌓아 둔 소달구지 두 수레 분의 장작비늘이 한나절 만에 동이 나는 것을 지켜봐야 했다는 것이네. 맨주먹으로 거리로 쏟아져 나온 광주의 학생들은 목검과 사꾸라 몽둥이를 들고 달려드는 일인 학생들과 그 동조자들에게 대항하려면 장작개비라도 들어야 했으므로 너도 나도 그곳에 쌓여 있는 장작개비들을 가져 가서 그렇게 되었다는 것이네.

그날은 조선 학생들과 일인 학생들 사이에 대규모의 첫 충돌이 일어난 날인 11월 3일의 다음 날이었네. 11월 3일은 일왕 무쓰히도睦仁 곧 명치의 생일이어서, 저들이 명치절이란 이름으로 기념식을 거행하는 날이었다네. 훗날 어머니는 가끔씩 그때 얘기를 해 주었네. 사꾸라 몽둥이를 든 일본인 학생 서너 명에게 쫓겨 막다른 골목에 있는 우리 집 담장을 넘어 온 조선 학생 두 명을 숨겨 줬노라고. 내가 국민학교에 다닐 때만 해도 11월은 추워서 강당에서 치르는 식전에 참석하는 학생들은 양말 신은 발이 시려워 두 발을 동동 굴렀는데, 발이 몹시도 시려웠던 그 기억이 지금까지도 잊히지 않네.

윤지 당숙은 자기는 그들과 어울릴 처지가 아니어서 그 운동에 뛰어들지 못했지만, 후배들의 그런 장거에 남달리 마음속으로나마 성원을 보냈다고 하데. 그는 그 나름의 의식이 생긴 후로 왜제를 이 강산에서 축출할 방안이 무엇일까를 골똘히 생각했지만, 저들에 대한 항거 의식만 격렬해질 뿐 행동은 그에 따르지 못한 찻잔 속의 폭풍과도 같은 것이었다네.

항일을 실천하기 위한 계획을 마음속으론 수십 번 세웠으나 그런 일은 혼자의 힘만으론 안 된다는 것을 진즉 깨달았던 터라, 은밀한 항일 조직이나 결사에 가담하려고도 했지만 좀처럼 선이 닿지 않았다네. 그렇다고 자기가 직접 나서서 그런 조직을 만들고 꾸려 갈 적극성이나 능력이 그에게 있는 것도 아니었다네. 게다가 그는 성품이 좁쌀 한 말의 낟알들을 다 헤아리고 티까지도 골라 내야 직성이 풀릴 만큼 세밀한데다 한편으론 또 소략하고 자존심이 강한 탓에, 여러 사람들이 모여 동모同謀하는 일엔 서툴렀다네. 그러다 보니 그는 점차 따돌림을 당하는 외톨이가 되어 갔다네.

그 때문에 그가 항일을 한답시고 한 일들이라곤 일본 연호 안 쓰기, 일제 물건 안 사기, 주변 사람들에게도 그렇게 하도록 권고하기, 일본인들은 안중에도 없다는 듯이 일부러 무시하기와 저들의 명령엔 할 수 있는 데까지 복종하지 않는다는 것들이 고작이었다네. 항일을 하는 데 있어 위험 부담이 큰 '하기 운동'이 아니라 위험 부담이 덜한 '안 하기 운동'을 벌인 셈이었지.

그러나 그런 손쉬운 것들마저 마음먹은 대로 되지 않자, 의기소침해진 그는 문 밖 출입을 거의 하지 않고 방 안에 들어앉아 한학 공부에만 몰두했다네. 이름난 숙유노사宿儒老師들을 찾아가 가르침을 받기도 하면서.

그가 서른을 넘어서고 한문의 문리가 나면서 경서나 제자

백가 속의 난해한 문장에 관한 선후배나 동학들의 의문을 명쾌하게 풀어 주자, 인근 고을과 광산 김 씨 문중의 어른들은 그가 밖으로 드러나지 않은 대단한 한학자라고 칭찬했다네. 그러나 그는 '자기는 한학자가 못 된다'며 고개를 가로저었다네. 그 까닭인즉 진짜 학자라면 그 분야에서 전인미답의 경지를 개척하거나 독창성을 발휘해야 하는데, 자기에겐 아직 그런 것이 없기 때문이라고 말했다는 것이네.

그는 또 친구들 앞에서 말하기를 "나와 함께 농사를 짓는 정만근은 논농사에 관해선 흠 잡을 데 없는 확실한 농군이지만, 나는 농군도 학자도 못 되는 이도 저도 아닌 반거치렁이라네"라고 말하면서 무연無然한 표정을 지었다는 것이네.

나는 윤지 당숙을 좋아하고 존경했으므로 틈만 있으면 그를 찾아가 이것저것 내가 궁금하게 여기고 있던 일들에 대해 묻기도 하고 천자문과 명심보감을 들고 가 배우기도 했는데, 그는 그런 나를 미쁘게 여겼던지 그가 노상 입에 올리는 말인 순임금의 고사를 들어 이렇게 말했네.

"사람은 무엇을 하더라도 옛날의 순임금처럼 정성을 다하고 부지런히 해야 한다. 《맹자》를 보면, 공자의 수제자 안회는 '순하인 여하인舜何人 予何人'이라고 말하면서 공부에 매진했단다. 동이족인 그는 사실 역산이란 시골에서 남의 밭을 갈았던 머

57

습이었는데 그가 맡은 일을 성실하고 부지런하게 했기 때문에 끝에 가서는 임금 그것도 성군聖君이 되었단다. 그러니 '순이 어떤 사람이고 나는 어떤 사람이냐. 같은 사람인데 나라고 그보다 못할 것이 무엇이냐'라는 각오로 매사에 임하면 성공 못 할 것이 없지 않겠느냐."

그런 윤지 당숙은 그 가정이 불행했네. 당숙모는 나보다 한 살 위인 재종형 인표를 낳자마자 산욕의 진자리에서 산후풍으로 숨을 거두고 말았다네. 당숙은 갓난아기를 안고 다니면서 마치 심 봉사처럼 일가의 아기를 키우는 젊은 아주머니나 형수 제수들로부터 동냥젖을 얻어 먹이면서 키웠다네. 종조부는 그런 아들을 딱하게 여겨 "살날이 창창한 늬가 언제까지 홀아비로 살 작정이냐. 수이 속현續弦을 해야제"라고 재혼을 권했지만 그는 막무가내로 머리를 도리질 쳤다는 것이네. 당숙의 고집 센 성품을 아는 종조부는 더는 재혼을 권유하지 못하고 그에게 따로 나가 살 집을 마련해 주고 또 세상을 떠날 임시에야 물려주려 했던 유산도 미리 떼어 줬다네.

당숙은 그처럼 '안 하기 운동'을 펼쳐 왔던 터라 일제의 창씨개명 강요에 불응하기 위해 국민학교에 입학시킨 지 1년 만인 인표를 자퇴시켜 자기가 세운 서당 무등지숙으로 데리고 갔다네. 어미 없이 자란 가여운 아들을 데리고.

그러나 이번엔 아들 교육 문제로 부자가 생이별해야 했다네. 당숙이 몸소 아들을 가르치자니, 여느 때엔 어미 없는 아들의 자상한 아비 노릇을 하다가 가르칠 때엔 엄한 스승으로 표변하기가 쉽지 않았다는 것이네. '자식은 바꿔서 가르친다'는 말이 그래서 생겨난 것이 아니겠는가. 당숙은 깊숙한 순창 고을에 가서 서당을 차린 성부동형제姓不同兄弟라 할 막역한 친구에게 인표를 맡겼고, 그래서 그는 어린 나이에 아버지 곁을 떠났다네. 잘생기고 똑똑한 그가 왜 그런 험한 길을 가야 했는지. 운명일까? 일제 강점기에 태어난 죄 때문일까?

……

나는 훗날 당숙의 집에 갔다가 바깥채 서재의 쾌상 위에 놓여 있는 그의 문첩을 살짝 뒤적여 봤는데, 거기엔 당시에 써 놓은 듯한 한문으로 된 글들과 함께 여러 편의 한시와 시조들도 씌어 있었네. 경술국치 직후 망국의 슬픔을 못 이겨 자결한 황매천의 절명시 네 수도 적어 놓았데 그려.

나는 그중 내 마음에 드는 시조와 한시 한 수, 그리고 황매천의 절명시 네 수 중 세 번째 수를 베껴 가지고 집으로 돌아왔네. 그것들을 여기에 옮기려네. 시조는 제목이 없었네.

진달래 불붙은 산에 접동새 날아들어
망국한 토해 내려 꽃도 접동새도 접동
이 강산 아니고는 보도 듣도 못 할레라

'감시우음感時偶吟'이란 제목의 한시는 이러했네.

실명유실국失名由失國
축적일하기逐賊日何期
수탄무양책誰歎無良策
사성심합시事成心合時

우리말로 풀이하면 다음과 같네.

이름을 잃음은 나라 잃은 탓이니
왜적 쫓아 낼 날 언제나 기약할까
누가 좋은 계책 없다고 한탄하는가
마음 합칠 때 일은 이뤄지는 것을

윤지 당숙이 살뜰하게 여긴 듯한 절명시 세 번째 수는 이러
했네.

새 짐승 슬피 울고 바다와 산도 찡그리는데鳥獸哀鳴海岳嚬

무궁화 세계는 이미 물속에 빠져 들었구나槿花世界已沈淪

가을 등불 아래 책 덮고 오랜 옛일 생각하니秋燈掩卷懷千古

인간세상에서 지식인 되기 어려운 줄 알겠네難作人間識字人

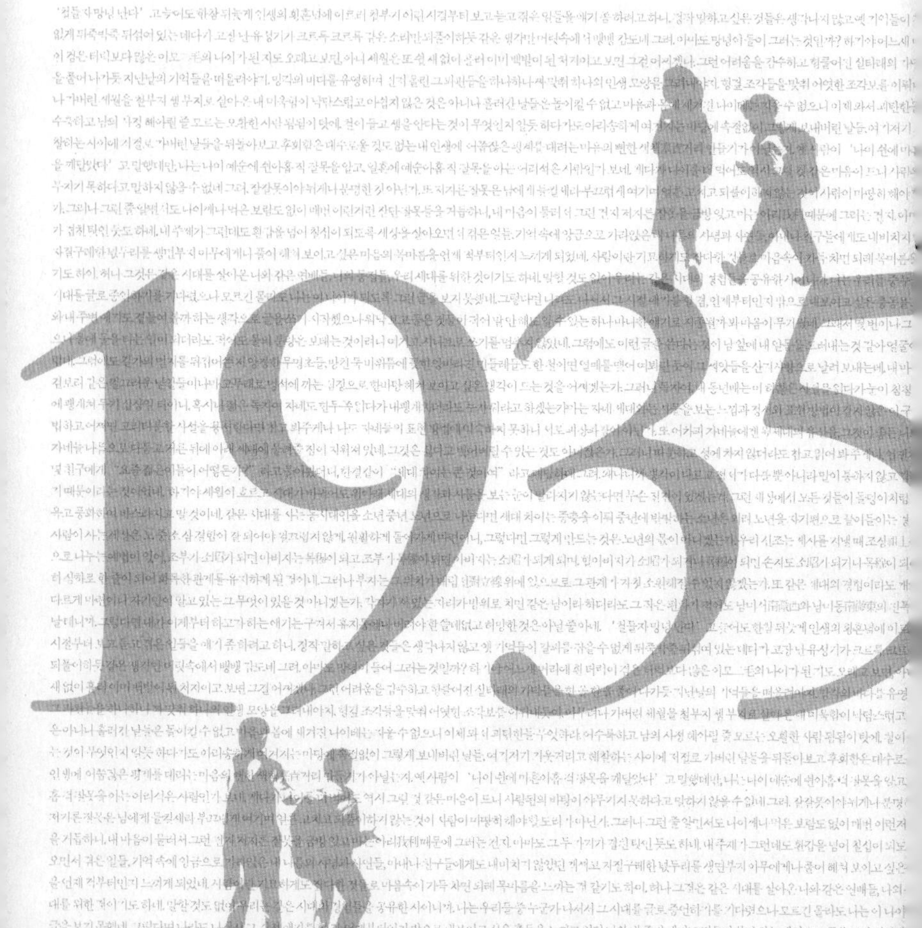
1935

03
·
시몽하몽是夢何夢의 장章

1

　2학년 때 우리 조 담임이었던 소노다 와헤이 선생은 1학기가 끝날 무렵 현역병 징집영장을 받고 학교를 떠났네. 그는 마지막 수업을 하고 나서 우리에게 눈물을 글썽이며 작별을 고했네. '사요나라'를 거듭 되뇌면서.

　그 후임으론 사범학교를 갓 졸업한 듯한 일인 여교사가 부임했네. 이름이 엔조지 나루꼬園條寺愛子였는데 키 큰 미인이었네. 조선말이라곤 한 마디도 못하는 그녀는 일본말로만 우리를 가르쳤으나 우리는 어느새 그녀가 하는 말을 곧장 알아들을 수 있었다네.

　교실 맨 뒷줄에 놓인 책상을 배정받은 몸집 큰 동급생들, 그들은 늦은 나이에 입학해서 나보다 나이가 두세 살 정도는 많

있는데 나이가 많은 만큼 부잡스럽고 시망스럽기도 해서 기회 있을 때마다 나루꼬 선생을 놀려먹었네. 그럴 땐 우리말을 썼네.

그날도 나루꼬 선생이 등 뒤 칠판에 그 시간에 우리가 배울 과목의 요점들을 적으려고 몸을 돌리자, 그들은 선생의 오똑한 코를 문제 삼기라도 하듯 '빼쭉코'라고 일제히 괴성을 질렀네. 그녀는 그 말이 무슨 말인지 몰라, 돌아서서 눈을 동그랗게 떴고 이내 새침한 표정을 지으며 "시즈까니 시나사이"라고 높고 윤기가 도는 목소리로 우리를 나무랐네. 왼손에 든 지시봉으로 교단 앞의 교탁을 탁탁 치면서. 그 말은 '조용히 하세요'란 말이네.

교실 앞쪽 줄에 앉은 나는 나루꼬의 반짝이는 큰 눈이 왠지 젖어 있는 것을 훔쳐보고 몸이 전기에라도 닿은 듯 짜릿한 흥분을 느꼈네. 내 몸이 그 젖은 눈 속으로 빨려들어가는 것 같았네. 그날 이후 나는 그녀에게 주체할 수 없는 연정을 품게 되었다네. 나이배기 동급생들의 그런 치근거림도 조선 여인이 아닌 아름다운 일인 여선생에 호기심 어린 연정을 느꼈기 때문이었는지 모르지만.

나루꼬 생각이 간절해지자 나는 갈수록 소년으로서의 부끄러움과 참을성을 잃었네. 어느 날 나는 붉은 벽돌로 우람하게 쌓은 교문 기둥 옆에 서 있는 삼나무들 아래 몸을 숨겼다가 퇴근하는 나루꼬 선생을 미행했네. 그녀는 일인 남학생들만 다니는

66

광주중학교에 딸려 있는 교사 사택촌의 한 집으로 들어갔네. 나중에야 알게 되었지만 그녀는 그 학교 교감의 딸이었네.

나루꼬 선생은 학생인 내가 자기를 사모한다는 것을 알아차렸을까? 자기를 쳐다보는 내 눈빛에서 그 무엇을 발견하지는 않았을까? 여자 특유의 육감으로. 그러나 그녀인들 어찌할 것인가. 아직 스무 살도 안 되었을 일인 여선생이 어린 조선인 학생을 곰살궂게 상대할 묘리는 없었을 것 아닌가. 그러니 알았다고 하더라도 모른 척 할 수밖에 없었을 것이네.

나도 나루꼬에게 내 심중을 고백할 묘리를 찾아내려고 이리저리 궁리했지만 도무지 묘책이 머리에 떠오르지 않았네. 나는 겨울방학 동안 내내 그녀를 골똘히 생각하다가 새 학년이 시작되자마자 학교로 달려가 무작정 교무실을 기웃거렸네. 그녀의 모습이라도 우선 보려고 말이네. 허나 나루꼬는 거기에 없었네. '저런 화사한 여인이 학교에 오래 머물러 있을까'라고 예감했던 대로. 나루꼬는 극락에서 이 풍진세상으로 날아 온 가라빈가처럼, 바다를 건너온 바닷새 원거爰居처럼 나와 동무들 곁에 잠깐 머물다 훌쩍 떠나 버렸네. 마음이 허전해진 나는 한동안 시무룩한 얼굴로 말도 하지 않고 지냈네. 어머니가 "요즘 왜 통 말이 없느냐"라며 걱정할 정도로.

그런데 나루꼬가 결혼했다는 소문이 나돌았네. 그녀 아버지가 점 찍어 둔 그 학교의 남선생과 말이네. 그는 자기 딸에게 목을 매는 신랑감들이 줄지어 늘어섰음을 알고, 딸을 그대로 놔두면 별의별 소문이 다 날 것이라고 걱정한 나머지 서둘러 결혼시켰다는 풍문도 곁들여서. 나는 그제야 남을 생각하지 못한 나의 어리고 어수룩한 순진함을 깨닫고 손바닥으로 이마를 탁 쳤네. 그녀를 뒤쫓아 다닌 남자들, 나 같은 조선 소년이 아닌 일인 청년들이 얼마나 많았겠느냐고.

나는 그 소문을 듣고 얼굴도 모르는 나루꼬의 남편을 질투했네. 이 세상에 둘도 없는 행운아라고 부러워했네. 나에게도 그런 행운이 찾아올까? 먼 하늘을 바라보며 시름에 잠겼네.

나는 그 무렵부터 밤마다 나루꼬를 꿈꿨네. 그녀가 저만치 누워 있기에 나는 그 곁으로 살며시 다가가서 누웠네. 그러자 그녀는 돌아누웠네. 나는 어릴 적에 어머니 곁에서 자면서 어머니가 돌아누우면 그 잠옷 자락을 잡아당겨 내 쪽으로 돌아눕게 했던 생각이 났지만, 이번엔 내가 그녀 쪽으로 돌아누우면서 봉긋하게 솟아 있을 그녀의 하얀 젖무덤을 어루만지려고 했네. 나드르한 응지凝脂처럼 매끄러울 뱃굴레와 잘록한 허리를 만지려고 했네.

그러나 돌아누운 나는 화들짝 놀랐네. 섬뜩하게도 나루꼬는 백골로 변해 있었네. '이상하다. 새 봄의 연두빛 눈엽嫩葉처럼

68

부드럽고 나긋할 그녀가 왜 백골이 되었을까'라는 생각이 들었지만 나는 그 백골 곁에 붙어서 황홀해 했네. 밤마다 밤마다 나루꼬가 백골이 되어 나타나는 꿈을 꾸면서.

때로는 그녀가 가닥가닥 해진 남루襤褸를 걸친 촉루髑髏가 되어 나타났네. 그 옷가닥들 사이로 내가 한 번도 본 적이 없는 그녀의 하체를 온통 드러낸 채. 어디선지 생선 썩는 비릿한 냄새가 났네. 나는 속이 메스꺼워지면서 하얀 뜨물 같은 것을 토해 냈네. 그러자 울렁울렁했던 속이 가라앉았네. 나는 그 괴이한 꿈을 중학생이 된 뒤에도 날마다 꿨다네. 스물을 넘긴 뒤에도 그 꿈은 횟수가 줄어들긴 했으나 나를 끈질기게 따라붙었네.

이제 수십 년 동안 내 마음속에만 간직해 왔던 그 비밀을 털어 놓으니 창피한 느낌도 드네만 속이 후련하네. 해몽가에게라도 물어볼 용기가 나네 그려. 무슨 그런 꿈이 다 있느냐고. 그러나 여태껏 물어보지 못하고 있네.

　　　……

나는 지금도 문득 문득 일본이 패전한 후 고국으로 돌아갔을 엔조지 나루꼬 선생을 회상할 때가 있네. 그럴 때면 내가 누군지도 기억하지 못할 나루꼬를 위해 축수하고 싶은 마음이 치솟는다네. 살아 있다면 이젠 머리가 하얗게 샌 노파가 되어 있을 나루꼬는 잘 있는 것일까. 행복하게 살고 있는 것일까? 어쨌거나 내가 어린 나이에 그토록 열중했던 나루꼬는 저들이 히간바나彼岸花라고 부르는 꽃무릇처럼 내 손이 도저히 닿지 않는 피안에 핀 꽃이었을까? 그 화려한 선홍빛 꽃잎 속에 독을 품은 모습으로.

이른 봄에 먼저 잎이 돋아났다가 지고 난 후에 꽃대가 올라와 꽃이 피는, 그래서 잎과 꽃이 영원히 서로 보지 못하는 이른바 화엽불상견花葉不相見의 상사화相思花는 그 꽃 색깔이 수수하네. 히간바나, 우리가 석산石蒜이라고도 부르는 꽃무릇도 잎과 꽃이 서로 보지 못하는 상사화의 일종이나 여느 상사화와 다른 점은 가을이 되어야 꽃대가 무더기로 먼저 올라와 꽃을 피우고 나서 다음 해 이른 봄에 잎들이 돋아난다는 것이네. 그리고 그 꽃이 붉디붉은 독초라는 것이네.

상사화를 보기라도 하면 문득 엔조지 나루꼬가 머리에 떠오르고, 그럴 때면 왠지 마음이 결연缺然해져서 나는 머리를 도리질 쳤네. 그처럼 서늘하고 영롱한 눈빛의 나루꼬가 독을 지닌 피안화일 수 없다고. 두 사람이 나이 차이가 나고 얄궂게도 탄압하는 민족과 압제받는 민족에 속한 탓에 서로 맺어지지 못했으니, 그것은 어쩔 수 없는 운명일 뿐이라고. 세상엔 이보다 더 얄궂은 운명이 얼마든지 있다고.

소노다 선생은 내가 5학년으로 올라간 해의 초봄에 제대를 하고 다시 우리 학교 교사로 복귀했네. 그런데 기가 막히게도 제대한 지 한 달이 채 못 되어 재징집 영장이 그에게 날아들었다네. 전쟁 상황이 얼마나 급박해졌으면 제대한 지 한 달도 안 된 그를, 더구나 교사 요원인 그를 다시 징집했겠는가? 국민학교 학생인 나야 감이 잡히지 않았지만 전쟁터에서 곧장 후방으로 돌아온 소노다 선생은 일본의 패망을 피부로 느꼈을 것이네.

요즘 군대의 하사에 해당하는 고쪼 곧 오장伍長의 계급장이 붙은 군복을 입고 군도를 찬 모습으로 우리 학생들 앞에 나타난 그는 군인답지 않게 눈물을 펑펑 쏟았네. 그리곤 우리 앞에서 떠나갔네. 그런 소노다 선생이 전장에서 살아남았는지 내가 어찌 알겠는가?

훗날 나는 군 복무를 마치고 제대했는데도, 다시 군복을 입고 부대 내무반에 가 있는 꿈을 가끔씩 꿨네. "제대한 내가 왜 군대에 와 있단 말인가"라고 꿈 속에서도 불평하면서 군복을 벗어버리면 어느새 내 몸엔 또 군복이 입혀져 있었네. 아마도 내 마음의 심층에 앙금이 되어 남아 있는, 우리에게 큰 충격을 안겨준 소노다 선생의 기억이 내게 그런 꿈을 꾸게 한 것이 아닌가하네.

남자는 왜 노소 없이 여자를 붙좇으려고 하는 것인지. 전생에 여자가 남자에게 진 빚이라도 있어, 그것을 받아 낼 기세로 그러는 건지. 어사가 된 이도령은 춘향을 만나 볼 일념으로 "그르사나 수컷이라고 제반 악증의 소린 다 하네"라는 기생의 핀잔도 감수해야 했네.

심 봉사는 사랑하는 아내 뺑덕 어미의 음전한 얼굴을 볼 요량으로 눈 뜨기를 열망했네. 딸 청을 인당수의 제물로 바치고서라도. 그러나 눈을 뜬 심 봉사는 "이게 꿈이냐 생시냐?"라고 기뻐하는 순간, 꿈과 생시는 2항부등식의 세계임을 깨달아야 했네. 그는 조신한 미모의 아내로 알아 왔던 뺑덕 어미가 아무 사내에게나 추파를 던지는 팔풍창난 추녀라는 것을 보아야 했고, 아비에 대한 효성이 지극했던 탓에 삶을 되찾은 딸도 곁에 두지 못하고 생이별해야 했기 때문이네.

심 봉사는 후회했음에 틀림없네. 차라리 암흑세계에서 꿈속과도 같은 삶을 사는 것이 광명세계에서 추악한 현실에 부대끼면서 사는 것보다 나았을 것이라고. 눈을 뜨니 아름다웠던 꿈은 산산조각이 나고 쓰라린 광명세계와 맞닥뜨려야 했으니, 그것을 보는 대가치고는 너무나 혹독하다고 해야 할는지. 눈 뜨기

이전의 심봉사는 눈 감은 소경이었으나 뜬 눈으로 본 광명세계
는 눈을 도로 감아 버리고 싶을 만큼 추악한 것이었으니, 무슨
역설이 그 모양이더란 말인가.

　　나는 어떤가? 뜬 눈으로 번히 세상을 보면서도 눈 뜬 소경
인 청맹과니 당달봉사였으니, 무슨 사람됨이 그 모양이더란 말
인가. 그렇지 않아도 몽상가인 나는 나루꼬를 열망한 나머지 눈
앞 현실에 눈이 멀어 있었으니까. '마음이 딴 데 가 있으면 보아
도 보이지 않고, 들어도 들리지 않는다'는 옛말처럼 정작 학생으
로서 해야 할 일들은 내 마음 밖에 있었으니까.

　　그런 나에게 이번엔 다른 여인이 다가왔네. 그녀 이름은 진
채연陳彩燕이었네. 진채연은 백모의 외손녀였네. 나보다 네 살 위
였네. 어머니 말을 듣자니, 백모는 그녀의 어머니인 첫딸을 낳고
난 뒤로는 아이를 갖지 못했다네. 백모는 첫아이를 낳고 나서 몸
보신을 한다고 보약을 먹었는데, 그 때문에 자궁에 기름이 끼여
그렇게 되었다는 것이네. 종손인 백부는 대를 이을 아들을 낳아
야 한다면서 본부인인 백모를 놔두고 재취 장가를 들었다네.

　　진채연의 어머니는 둘째아이를 임신했지만 자궁외 임신인
줄 모르고 있다가 그만 목숨을 잃고 말았다네. 채연이 두 살 적
이었다네. 백모는 그런 채연을 데려다 키웠다네. 백모는 남편의
사랑을 잃고 마음 붙일 데를 찾지 못했던 참이라 외손녀에게 온

갖 정성을 쏟았다는 것이네. 날마다 뜨뜻한 물로 채연을 목욕시켜 고실고실하게 마른 모시 홑이불을 댄 포대기에 눕혀 놓고 이리 어르고 저리 어르면서 더위 먹지 않고 감기에 걸리지 않게 여름엔 시원한 데로 옮기고 겨울엔 따뜻한 데로 옮기면서 키웠다네. 행여나 병이라도 걸릴까 봐 조심하면서 튼실하게 키웠다네.

......

큰댁은 종가여서 한 해에 제사를 여러 차례 지냈는데, 제삿날이면 대소가 친척들이 모여들었네. 나는 여덟 살 때부터 제사마다 참예했는데, 큰댁에 가면 어른들 말고도 내 나이 또래부터 열네다섯 살쯤 된 일가의 아재들과 형제들도 일고여덟이나 와 있었네.

한창 장난 치기 좋아 할 나이인 우리 형제 숙질들은 별채의 방 하나를 치우고 들어앉아서 자정에 지내는 제사 때까지 떠들고 놀았네. 그럴 때면 진채연은 자기보다 두 살 아래인 이모 곧 백부의 후취가 낳은 딸을 앞세우고 그곳으로 와서 남자들이 노는 자리에 끼어들었네. 채연은 백모의 사랑을 받으며 조동으로 커서인지 그처럼 숫기가 좋았다네.

그런데 그녀는 자리에 앉으면 꼭 나를 끌어다 자기 옆자리에 앉혔네. 제사 때마다 그렇게 했네. 나는 그런 그녀가 시나브로 좋아졌다네. 날이 갈수록 나는 그녀에게 끌렸다네. 큰댁에 심부름 갈 일이라도 생기면 자청해서 갔고, 나중엔 이런 저런 핑계를 만들어 놀러갔네. 그럴 때면 채연은 나를 꼭 자기 방으로 불러들였네. 나는 그녀의 책장 문을 열고 책을 꺼내 함께 보기도 하고 온갖 희영수를 하면서 놀았네.

그러던 어느 날 채연은 방 한 구석에 갖다 놓은 옻칠을 한 나무 합에서 말린 홍합 하나를 꺼내 입 속에 넣고 깨뜨렸네. 그리고 침이 묻은 작은 홍합 알갱이 하나를 자기 손바닥 위에 올려놓았네. 그녀는 다른 손으로 손수 내 오른손 검지와 중지를 비틀어 교차시켜 그 알갱이 위에 올려 놓고 그 교차시킨 손가락으로 그것을 굴리게 했네. 그러면 그것은 내 손가락 끝에서 두 개로 느껴졌네. 나는 왼손으로 그녀의 팔목을 붙잡고 꼬인 두 손가락이 저절로 풀릴 때까지 연신 그것을 굴리면서 솜털이 성기게 보송한 그 손목의 보드라운 감촉을 탐닉했네.

하루는 내가 가자, 이번 학예회에서 학년 대표로 뽑혀 춤을 추게 되었다면서 무용 연습을 하고 있었네. 진채연은 이미 중학교 학생이 되어 있었다네. 그녀는 나를 방 한 가운데 앉혀 놓고 춤을 추면서 내 주위를 빙글 빙글 돌았네. 방구석에 가져다 놓은 유성기에서 흘러나오는 원무곡 쿠쿠 왈츠 가락에 맞춰서 말이네. 그녀는 치렁치렁한 엷은 치마를 두 손으로 잡고 좌우로 흔들기도 하고 들어올리기도 했네. 그럴라치면 그 치맛자락에선 야릇한 살 냄새가 풍겼네. 그녀의 쭉 뻗은 하얀 두 다리가 드러나면서 말이네. 나는 그만 그 살 냄새와 하얗게 드러나는 다리에 도취되어 정신이 아득해졌네. 채연은 무슨 마음으로 내 앞에서 그렇게 행동하는 것일까. 나를 좋아해서일까. 나는 마음이 혼란스러워졌네.

또 하루는 내가 채연의 방문을 열고 들어가자, 그녀는 치맛자락을 무릎 위로 걷어올리고 앉아 가위로 발톱을 깎고 있었네. 영창을 통해 방 안으로 들어온 오후의 햇살이 그녀의 발톱에 반사되어 두 발을 눈부시도록 빛나게 했네. 나는 그 두 발을 내 두 손으로 감싸 쥐고 가슴에 꼭 품어 보고 싶은 강한 충동을 느꼈네. 여자의 발이 그토록 남자를 고혹케 하는 여체의 한 부분이라는 것을 나는 그때 비로소 깨달았다네.

그녀는 또 방바닥에 엎드려 무릎 밑 아랫다리를 세워 앞뒤로 번갈아 저으면서 노래를 부르기도 했네. 그럴라치면 치마가 세운 아랫다리 아래로 흘러내려 탱탱한 두 종아리가 드러났네. 그 노래는 당시에 유행했던 영화 주제곡 '마이 블루 헤븐'이었는데, 그녀는 영어가사로 노래를 부르면서 자기 옆에 멀거니 앉아 있는 나의 팔을 살짝 꼬집으면서 따라 부르게 했네. 영어를 알지 못하는 나에게 말이네.

　그리고 나를 끌어당겨 자기 옆에 엎드리게 했네. 그리고 내 등을 쓰다듬다가 등 가운데 무엇이 나 있다고 웃으면서 내 웃옷 자락을 걷어올리고 들여다보았네. 내가 느끼지 못하는 종기 같은 것이 나 있을 리 만무한데도 말이네. 나는 지금도 문득 그때를 회상하면 '쿠쿠 왈츠'와 '마이 블루 헤븐'이 내 머릿속에서 울려 퍼지네.

　처녀가 된 진채연은 더할 나위 없이 아름다웠네. 머리카락이 가늘고 숱이 짙은 구름떼 같은 곱슬머리는 치렁치렁했고 홍조 띤 유백색 피부는 윤이 났으며 뚜렷한 이목구비가 수려했네. 그 두툼한 입술은 그것을 보는 남자의 색정을 일으키게 했네. 언젠가 그녀가 두 갈래로 땋은 머리채의 하나를 들고 장난스럽게 내 목덜미를 간질였던 곱슬머리는 그녀의 외가 내림이었다네. 그녀의 어머니뿐 아니라 외할머니도 곱슬머리였고 그 윗대도 그러했다니까.

　그 무렵부터 진채연은 자기에게 쏠리는 남자들의 욕정 어린 눈길을 느껴서인지 새침을 떨기 시작했네. 그 숫기 좋았던 몸가짐은 어느새 잊어버리기라도 한 듯이. 그러나 나에게만은 여전히 스스럼없이 대했네. 어떤 때에는 장난스럽게, 어떤 때에는 짓궂게. 나는 머리를 갸우뚱했네. 나도 남자이고 사춘기에 접어

들었는데 채연은 그런 나를 무시하는 것일까? 아직도 뭣 모르는 소년으로 알고 그러는 것일까? 아니면 나에게 어떤 특별한 감정을 지녔기에 그러는 것일까? 말 못할 자기 심중을 몸짓으로 나에게 암시하려는 것일까?

그런 저런 사념에 빠져들면서 나는 어느덧 나도 모르게 진채연에게 열중하고 있었네. 그래서는 안 되는 줄 알면서도. 그러면서도 한편으로는 어떻게 하면 그녀로 하여금 나의 그런 마음을 알게 하나라고 조바심을 태웠네.

그녀는 그러한 내 마음을 아는지 모르는지 일부러 나를 애태우게 하려고 그러는지, 내가 전과는 다른 눈빛으로 그녀를 응시하면 그 시선을 외면하기라도 하듯 무심한 눈빛으로 대응했고, 일부러 그녀의 손을 잡아 내 쪽으로 잡아당겨 보기라도 하면 그땐 뿌리치지 않고 덤덤하게 끌려왔네.

나는 그녀의 마음을 종잡을 수 없었네. 정말로 나를 여느 남자나 다름없는 상대로 여기는 것일까. 그러나 나를 좋아하는 마음이 없다면 다 큰 처녀가 왜 나를 만나 주는 것일까. 우리 둘이 만나자면 이젠 남의 이목을 피해야 하는 처지인데도 말이네. 이제까지 만나서 놀았던 타성이 남아 있어서?

나는 이젠 밤이면 진채연을 꿈꾸게 되었네. 나루꼬의 꿈은 내게서 멀어지고 채연의 꿈이 그 자리를 차지했네. 어떤 때는 꿈

속에서 나루꼬가 채연으로 바뀌기도 했네. 나는 그때마다 채연을 안고 보쟁이려고 몸부림쳤지만 그녀의 문은 열리지 않아서 그것은 언제나 불발로 끝나고 말았네. 나는 결국 꿈속의 그녀 곁에서 몽정을 하고 나서야 황홀함을 느끼며 꿈에서 깨어났네. 깨어 있을 때 그녀를 품어 보지 못했으니 꿈속에서 그 일이 이뤄질 수 없었으리라. 다른 꿈에서도 깨어 있을 때 하지 못한 일은 꿈속에서도 한 적이 없었으니까.

열여덟이 된 나는 몇 년째 그녀에 대한 사랑의 열병을 앓느라고 정신이 멍해져서 학업도 중단할 지경에 이르렀네. 그러나 진채연은 야속하게 느껴질 만큼 나의 그런 마음의 병을 모른 체 아랑곳하지 않았네. 헌데 뒤늦게야 나의 그런 어쩌지 못할 처지를 동정해서일까, 아니면 그녀도 내게 사랑을 느꼈기 때문일까, 어느 날 밤 우리 둘이 만났을 때 그녀는 불덩어리처럼 뜨거워지면서 느닷없이 나를 부여잡고 오랫동안 입맞춤을 했네. 그리고 그녀의 뭉실한 젖가슴을 더듬는 내 손길을 받아들였네. 그 후로 그런 만남은 만날 틈이 있을 때마다 이어졌네.

그러나 채연의 사랑을 확인한 감격은 이내 사라지고 나는 무겁고 막막한 감정에 휩싸였네. 이 일을 앞으로 어떻게 결말지어야 할지 몹시 난감했기 때문이네. 나와 채연의 사이가 그렇게 되었다고 누구에게 말해야 하나. 채연을 감싸고도는 백모는 우리 둘 사이를 눈치 챘을 법 한데도 가끔씩 알 수 없는 시선으로 나를 바라볼 뿐 아무런 말이 없었네. 남편의 사랑을 얻는 데 실패한 여인의 회한이 그 어떤 남녀 사이의 사랑이든 말리지 않겠다는 너그러움으로 탈바꿈한 것일까.

나는 두려웠네. 이 일이 집안에 알려지기라도 하면 내 꼴이 뭐가 된단 말인가라는 걱정 때문이었네. 어른들은 야단치고 친척들은 눈을 쌜쭉거리면서 입방아를 찧을 것인데 내가 그 압력을 어떻게 견디고 산단 말인가. 무엇보다도 채연이 나 때문에 당할 곤욕을 머리에 떠올리기라도 하면 내가 죽을지언정 그 일을 알려지게 할 수 없다고 심약한 나는 몸을 떨었네.

'그렇다면 아무도 모르게 채연과 함께 사랑의 도피행을 결행할까'라고도 나는 생각했네. 하지만 생활능력이 없는 내가 그녀와 함께 어디로 가서 무엇을 먹으며 산다는 말인가. '살다가 살 수 없게 되면 채연과 함께 정사를 하면 될 것 아니냐'고 마음을 도사려 먹기도 했지만 채연이 거절할지도 모를 그런 일을 채연에게 강요할 수도 없어 그녀에게 차마 그렇게 하자고 말하지 못했네. 나야 채연과 함께라면 기꺼이 죽을 수 있다고 생각했지만 채연이 과연 나와의 관계를 그렇게 심각하게 여기고 있는지도 미심쩍었네.

나는 그해 여름방학 동안 집을 떠나 여기 저기 방랑하면서 마음의 방황을 계속했네. 오직 그녀만을 골똘히 생각하면서. 나를 다른 일엔 눈 돌릴 수 없게 자기에게만 붙들어 매놓은 진채연은 나를 파멸시키고야 말 요부일까, 정말 그럴까라는 의념을 머리를 흔들어 지우면서.

그러나 뾰족한 해결책은 머리에 떠오르지 않았네. 아니 해결책은 애초부터 있을 수 없었네. 나는 못나게도 채연에게 기대고 싶어졌네. 그녀가 하자는 대로 따라 하고 싶어졌네. 나보다 나이가 위인 그녀가 나를 데리고 심산유곡의 절벽 위로나 올라가 나를 껴안고 뛰어내린다면 얼마나 좋을까, 라고도 생각했네. 저 윤심덕이 〈사의 찬미〉를 부르면서 김우진을 얼싸안고 연락선 위에서 현해탄으로 뛰어내렸듯이.

나는 스무 살을 전후해서 건방지게도 '사람이 스물다섯 살 넘게 살아서 무엇 하냐?'라는 몽롱한 상념에 사로잡혀 있었네. 꿈을 잃고, 사는 데만 급급해서 점차 초라해질 나나 또 그런 나 같은 사람들과 어울리면서 서로가 모멸을 느끼게 될 인생을 살아본들 무슨 대수이겠는가, 라는 생각으로. 나는 그처럼 벌써 인생에 환멸을 느끼고 생사의 갈림길을 헤맸으나, 나의 그런 허무감에 부채질이라도 하듯 화려한 육체가 아까운 채연은 단연코 살려는 의욕에 충만해 있었네.

그녀에겐 세계를 주름잡는 무용가가 되겠다는 꿈조차 있

었으니까. 이뤄질 수 없는 사랑의 끈을 부여잡고 죽음밖에 더는 나갈 길이 없는 벼랑 끝에 선 내가 그런 그녀에게 유언무언으로 우리 앞날에 대한 결단을 요구하려 했으니 그녀의 마음을 몰라도 너무 몰랐다고나 할까. '설마 그럴 리야 없겠지'라는 생각이 들었지만, 그녀는 나와의 관계를 '성장기에 겪을 수도 있는 한때의 풋사랑쯤으로 여긴 것은 아닐까'라는 의구심도 들었네.

그런 마음을 먹고 있는 채연이라면 나의 보채는 듯한 기색을 부담스럽게 여길 만도 했네. 그래서 그런지 나를 대하는 그녀의 얼굴은 갈수록 싸늘해졌네. 나를 피하고 멀리 했네. 나를 그토록 자기 곁에 잡아당겨 놓고 이제 와서 내게서 떠나려 하다니 '여자란 그처럼 매정할 수 있단 말인가'라고도 생각했지만 그녀의 마음에 내키지 않는 길을 굳이 함께 가자고 내 말만 우길 처지도 아니어서 '그녀가 갈 수 없는 길이 아니라면 어느 길로든 가게 해야 하지 않겠는가'라고 나는 머리를 끄덕이지 않을 수 없었네.

나에게서 멀어진 채연은 의과대학 졸업생과 결혼했네. 최승희와 같은 세계에 명성을 떨친 무희가 되겠다는 희망을 접고서. 그녀는 언제나 영자로 '사이쇼기'란 서명이 씌어 있는 브로마이드 명함판 사진을 지갑에 넣고 다닐 만큼 최승희를 동경했었네. 최승희를 일본말로 읽으면 '사이쇼기'가 되고 베를린 올림픽에서 마라톤을 제패한 손기정을 일본말로 읽으면 '손기떼이'

가 되었으니까. 일제 강점기에 우리는 어쩔 수 없이 제 이름을 저들의 말로 읽어야 했으니까. 그러나 인연이란 질긴 것인지 진채연과 나 사이엔 후일담이 있다네.

3

어제까지는 있었으나 오늘에도 없고 내일에도 없을 그곳, 그래서 이제는 볼 수 없는 70여 년 전의 광주. 그곳은 나의 꿈속에서 그 모습을 고스란히 드러내네. 그러나 그 시절의 광주가 내 머리 속에 들어 있고 꿈속에서 내가 그곳에 가서 노닐었으니, 그때 그곳이 반짝하고 한 순간에 한 줄기 빛이 되어 영원히 시공에서 사라졌다고 볼 수는 없을 것이네.

내가 어렸을 적 그 시절을 회상하면, 말아 두었던 두루마리를 펼쳐 놓은 듯 지난날의 광주빛골이 재생하네. 인구가 10만 쯤 되는 포근하고도 고즈넉한 도시로.

왜 사람은 자기가 태어난 곳을 고향이라고 부르면서 잊지 못하는 것일까. 그리워하는 것일까. 마음속으로 그리워한 것들이 이미 다 사라진 나이에 이르러서조차도 말이네. 고향을 떠난 지 여러 10년, 아니 반백년도 훨씬 넘었다면 잊을 법 한데도 말이네. 나는 왜 그런지, 나만 그러는지 알지 못하네.

그래서 지난날을 더듬으며 마음으로나마 고향을 찾아가 보려고 하네. 내가 국민학교에 들어간 뒤에야 알게 되었지만, 언제부터인지 일인들은 우리 조선 사람들이 사는 동네로 밀고 들어와 터를 잡고 살기 시작했네.

우리 집 옆에 큰 집을 짓고 들어와 사는 모리야守屋라는 청부업자는 마흔서넷쯤 되는 딱장대였는데, 돈을 잘 버는지 거드름을 피우고 다녔네. 그는 우리 집 뒤쪽 땅도 사들여 창고를 짓고 건축 자재들을 쌓아 두었네. 그런데 인부들이 자재를 꺼낼 때면 먼지를 피웠고, 그 먼지가 우리 집에도 날아들었으므로 어머니는 그들에게 먼지 나지 않게 하라고 야단을 쳤네.

어머니 말을 듣자니 모리야는 우리 집과 자기 집 사이의 낡은 담을 허물고 벽돌로 담을 쌓으면서, 담을 우리 집 쪽으로 한 뼘이나 내 쌓는 치사한 짓도 했다는 것이네.

앞쪽 귀퉁이 집에는 곤도近藤라는 일인이 살았네. 그 집 두 딸은 한 살 터울이었고, 둘 다 성악가 지망생이어서 아침이나 저녁나절을 가리지 않고 서로 시샘이라도 하듯 목청을 높이 돋워 노래를 불렀네. 하지만 내게는 그 노랫소리가 바이 싫지만은 않았네. 우리 집 대문 앞 골목이 행길을 끼고 흐르는 개천과 만나는 어름에는 시모조下條라는 젊디젊은 여자가 살았네. 나중에야 알았지만 그녀 남편은 직업군인으로 광주에 주둔해 있는 일본군 헌병대 소속 오장伍長이었네. 당시는 전시여서 남편이 휴가나 얻어야 집에 왔으므로 아이도 없는 그녀는 늘 혼자 집에 있었네.

그래선지 그녀는 우리 동네 애국반 반장을 맡고 있었네. 애국반은 일제가 주민 동원체제의 말단 조직으로 만든 것인데, 흔히 '도나리구미'라고 불렀네. 남우세스럽게도 오늘날 우리의 반 조직은 그것을 이어받은 것이라네.

애국반 반장이 하는 일은 거의 당국의 지시를 등사한 16절지 크기의 갱지를 회람판 집게에 끼워서 자기가 맡은 반에 소속된 집들에 돌려보게 하는 것이었다네. 반장이 회람판을 자기 집에서 가장 가까운 집에 전달하면 그 집에선 그것을 보고 나서 다음 집에 전달하는 식이었네.

우리 집은 그 반의 맨 마지막 막다른 골목 끝에 있어서 회람판을 보고 나면 그것을 반장 집에 돌려줘야 했는데, 어머니는 나에게 그 일을 시켰네. 내가 회람판을 들고 반장 집에 가면 시모조는 곱상한 얼굴에 웃음을 띠면서 반갑게 맞이했네.

반장 집에서 가장 가까운 집은 우메모도梅本란 일인의 집이었는데 그는 도청 과장이었네. 반장인 시모조는 자기 집과 가장 가까운 그 집에 회람판을 가져다 줘야 하는데도 왠지 가기 싫어했네. 그녀가 나를 반긴 것도 나더러 사흘에 한 번씩 하교 길에 자기 집에 들러 회람판을 자기 대신 우메모도네 집에 전달해 달라고 부탁하기 위한 속셈이 있었기 때문이네. 일제는 당시 그 처럼 뻔질나게 애국반을 통해 회람판을 돌렸다네.

반장의 부탁을 받은 내가 그 일본식 가옥 현관문을 드르 륵 옆으로 밀치고 들어서면 우메모도의 중학교 1년생쯤이나 되어 보이는 예쁘장한 딸이 기모노 차림으로 현관과 장지문 사이의 좁은 쪽마루에 나와 옆으로 꿇어앉아 절을 하면서 '이랏샤이 마세' 곧 '어서 오세요'라고 예의바르게 나를 맞이했네. 내가 회 람판을 내밀면 그것을 받아들고 잰 걸음으로 안으로 들어갔다가 유지油紙에 싼 일본 과자 두 개를 들고 나와 나에게 주었네. 나는 매번 우메모도의 딸에게서 과자를 받는 것이 미안해서 나중엔 그녀가 현관으로 나오기 전에 회람판을 현관 마루에 놔두고 잽 싸게 되돌아 나왔네.

얼마 뒤에야 알게 되었지만 시모조는 천민 출신이고 우메 모도는 사족士族 출신이어서, 그녀는 그것을 창피하게 여겨 우 메모도네 집에 가기를 꺼렸다는 것이네. 나는 그 말을 듣고 나서 야 우메모도의 딸이 한번은 나를 집안으로 불러들였을 때 응접 간의 도꼬노마, 곧 앞이 터지고 턱이 낮은 벽장에 놓인 가지가 셋인 큰 사슴의 뿔에 길고 짧은 일본도 도신刀身이 셋이나 올려 있는 것을 본 기억이 되살아났네.

어느 무더운 여름 날 시모조네 집에 갔더니 속이 훤히 드러나 보이게 얇은 내리닫이 옷을 걸친 그녀가 집 뒤뜰에서 풍로 위에 번철을 올려 놓고 부침개를 지지고 있었네. 그리고 그 앞에는 벌거벗은 몸에 훈도시를 찬 땅딸보가 앉아 있었네. 아마도 휴가를 얻어 집으로 온 그녀의 남편인 듯했네. 그녀는 오랜만에 남편을 만나서인지 상글상글 웃고 있었네. 그 땅딸보는 나를 보자 표정이 험악해지면서 당장 나가라고 나에게 소리를 질렀네. 그 뒤로는 시모조가 혼자 있는 줄 알고서도 어쩐지 그 집에 가기가 머뭇거려졌네.

우리 앞집은 최 부자 집이었네. 이름이 최석휴崔錫休였네. 그 집은 한옥인 안채와 사랑채 그리고 대문간인 행랑채와 곳간으로 이뤄져 있고, 그 옆 넓은 터에 따로 2층 양관도 들어서 있었네. 사람들은 그 양관을 돌로 지었다고 해서 독집으로 불렀으나 실상은 벽돌로 짓고 외벽을 흰 양회로 쌧어내기 마감한 집이라네.

최 부자 내외는 어찌나 입사치를 하는지 그 집에선 참기름 한 틀이 한 달이면 동난다는 소문이 나돌았네. 참깨 대두 한 말로 기름을 짜면 한 되 병으로 두 병 반의 기름이 나오는데, 그것을 참기름 한 틀이라고 한다네. 참기름 한 틀이면 웬만한 집에선 한 해 동안 쓸 수 있고, 푼푼하게 쓰는 집에서도 반년 넘게 쓸 수 있다는 것이 아낙네들의 말이었네. 내 어머니도 음식에 참기름을 들들 부어도 그렇게 많이 쓸 수 없다면서 혀를 내둘렀네.

해마다 동짓날이면 독집에서 이웃이라고 해서 우리 집에 팥죽을 한 양푼이나 보내왔는데, 어떻게 쑤었는지 그 진한 팥죽의 검붉은 색깔에는 번들번들 윤기조차 감돌았네. 잘 쑨다고 쑨 우리 집 팥죽도 거기에 견주면 도무지 볼품이 없었네. 독집 팥죽은 맛도 별다르게 감칠맛이 났네.

풍신 좋고 인물 훤한 최석휴는 그러나 해방 직전에 중풍에 걸려, 우리 집 안방에까지 들리게 고래고래 소리를 지르다가 세상을 떠났네. 환갑도 넘기지 못하고 말이네. 일제가 태평양전쟁을 일으켜 세상을 어수선하게 만들기 전에는 거의 날마다 재인들을 사랑으로 불러 3현6각을 잡히면서 호유했다는 그인데도 말이네. 게다가 두 아들 중 큰아들은 일찍 죽고 하나 남은 작은아들은 방탕하여 그 많던 가산을 탕진하고 말았다네. 그야말로 속된 말로 기둥뿌리도 남지 않게 말이네.

대정정大正町 한길에서 골목으로 접어드는 어귀에 고래등 같은 기와집 두 채가 앞뒤로 담을 마주하고 서 있었는데, 그 집들에선 최 씨 형제가 살았네. 그들은 친형제인데도 형은 살갗이 희고 동생은 검었다네. 그래서 광주 사람들은 그들을 흰둥이 최샌, 검둥이 최샌이라고 불렀다네.

흰둥이 최샌의 아들 최남주崔南周는 영화에 미쳐 전답을

팔아 마련한 돈을 들고 서울로 가서 조선키네마란 영화사를 차렸다네. 그러나 그가 찍은 영화들이 흥행이 신통치 않았다네. 그는 새로운 활로를 찾으려고 태국으로 갔으나 미구에 일본이 패전했고, 그 혼란의 와중에서 고국으로 돌아오지 못하고 소식도 끊기고 말았다네.

최선진崔善鎭은 자수성가하여 당대에 큰 부를 이룩한 행운아였네. 그는 큰 기와집을 여러 채 갖고 있었으며, 조선의 5대극장의 하나로 꼽히는 광주극장을 지었고 인쇄소도 경영했네. 그의 막내아들 동준은 나의 동기생이었는데 얼굴이 동탕했고 학교 농구선수로도 뛰었네. 그는 10대 후반부터 사교춤에 빠져들었는데 춤꾼들로부터 춤에는 도가 텄다는 찬사까지 들었다네. 카바레 같은 사교무도장이 없었던 그 시절에도 그는 춤을 출 수 있는 비밀스런 장소에서 살다시피 했다네. 그러나 그는 물려받은 재산을 다 써버렸기 때문인지, 아니면 그가 걸어온 인생에 허무를 느껴서인지 스물다섯 살 나이에 독약을 마시고 자살하고 말았다네.

광주천 건너 사정社町에는 최만흥崔萬興이란 부자가 살았네. 그의 집은 사직공원 밑 나지막한 산기슭 아래 넓은 터에 자리 잡고 있었으며, 2층으로 지은 한옥 본채는 불당처럼 컸고 지붕은 검붉은 오지기와로 이어져 있었네. 그 커다란 집 옆에는 다 쓰러져 가는 대문에 '홍 씨 쌍효문'이란 정문旌門이 붙은 게딱지

같은 초가가 납작 엎드려 있었네. 듣자니 그 홍 씨 집에서 조선 철종 임금 때 효자가 둘이나 나왔다는 것이네. 그 오막살이집은 고대광실 최 씨네 집과 대조를 이뤘네. '사람이 사는 집이 저렇게 다를 수도 있을까'라는 의심이 들 정도로.

최만홍은 두 아들을 동경으로 유학을 보냈는데, 그들은 그때 한창 일본 지식사회를 풍미했던 사회주의 사상의 신봉자가 되어 돌아왔고, 그 실현을 위한 비밀결사 운동에 투신했다가 그들을 체포하려는 일본 경찰에 쫓기는 신세가 되었다네. 두 형제는 해방 후에도 일제 때와 마찬가지로 이번엔 미군정의 경찰에 쫓기다가 행방불명이 되었다고 하데. 그 때문에 최만홍의 집안은 몰락하고 말았다네.

사직공원 동쪽 끝머리의 광주천이 내려다보이는 언덕에 양파정楊坡亭이 서 있고, 공원의 산등성이 뒤쪽인 서남쪽으로 펼쳐진 넓은 산자락에 미국 남장로교회파 선교사들의 양옥 10여 채가 드문드문 자리 잡고 있었네. 그 양옥들 가운데는 꽤나 큰 2층짜리 집도 있었네.

그들은 미국에서 올 때 은단풍나무 묘목들을 가져와 그곳에 심었는데 그땐 백여 그루나 되는 은단풍나무가 높게 자라서 하늘을 찌르고 있었네. 그 나무들은 양옥들 사이에 서 있어서 마치 미국의 부유한 시골 마을을 옮겨다 놓은 것 같은 이국정취가

물씬 풍겼네. 그 구역의 남동쪽은 높고 긴 시멘트 돌담으로 둘러싸여 있어서, 조선인이 사는 동네와 길을 사이에 두고 격절되어 있었네. 그곳이 마치 무슨 불가침의 조차지라도 되는 듯이.

미국을 상대로 태평양전쟁을 시작한 일제는 전쟁이 일어나자 미국인들을 추방했으므로 그땐 그 구역 안이 텅 비어 인적이라곤 없이 괴괴했네. 어느 가을 날 나는 사이 빵꼬와 함께 사람이 다니지 않는 경사진 산등성이 쪽으로 둘러쳐진 철조망을 비집고 그 안으로 들어가 빈 집들을 들여다보기도 하면서 배회하다가 날개가 달려 빙글빙글 돌면서 떨어지는 은단풍나무 열매를 둘이서 한 움큼씩 주워가지고 나온 적이 있었네.

그 돌담 길 옆으로 난 느슨한 오르막길을 남쪽을 향해 한참 걸어가면 길 오른편 쪽에 짙은 붉은 색 벽돌로 지은 2층 건물인 수피아여학교가 나타나며, 거기서부터는 길이 내리막길이 되면서 붓을 매는 장인들이 모여 사는 진더리 마을에 닿게 되네. 그 마을 왼쪽 언덕바지엔 복숭아 과수원이 넓게 펼쳐져 있어서 봄이면 그 일대가 분홍빛 복숭아꽃이 만발한 도원경이 되었네.

양파정이 서 있는 언덕을 감싸고도는 길을 따라 올라가면 양림정楊林町이 나타나며, 그곳에서 왼쪽으로 난 긴 골목길을 지나면 방림정芳林町에 이르게 되네. 그 동네 한 켠에 최영욱崔泳旭의 집이 자리하고 있었네. 그 집 본채는 여덟 칸 겹집으로 툇마

91

루 앞에 유리창문을 설치하여 바깥 먼지가 집 안으로 들어오지 못하게 지은 큰 집이었네. 그러나 지붕은 볏짚으로 두텁게 이어, 영국 시골의 코티지 풍이 나게 했다는 것이네. 뒤란은 언덕으로 되어 있는데 거기엔 당시로는 드물게 정수 시설을 갖춘 자가 수도도 설치했다네. 집 옆에 조성한 1,500평쯤 되는 포도밭은 탱자나무 울타리로 둘러싸여 있었네. 가을이 되면 그 동네 개구쟁이들이 노랗게 익은 그 울타리의 수많은 탱자들을 따느라고 한바탕 법석을 떨었다네. 그 개구쟁이들 중엔 그 동네에서 사는 내 동무도 끼여 있어서 탱자를 딸 때 함께 딴 적도 있었네.

최영욱은 미국에 가서 의학 공부를 한 의사이고 그의 아내 김필례金弼禮도 미국 유학을 갔다 와서 사회활동을 했는데 해방 전후 무렵에 수피아여학교 교장으로 있었다네. 해방 직후 미군정 당국은 그가 미국 유학생 출신이고 영어를 잘한다고 해서 전라남도 민정 지사로 임명했다네. 군정 지사는 미국 군인이 맡았음은 말할 것도 없네.

내가 어렸을 때 어머니는 내가 아프기라도 하면 인력거를 불러 함께 타고 그가 운영하는 서석의원으로 가서 그에게 나를 보였네. 그러면 그는 근엄한 표정으로 나의 가슴에 청진기를 대보고 나서 괜찮으니 염려하지 말라고 어머니에게 이르면서 간호부로 하여금 약 몇 봉지를 지어 주게 했네.

예수교 목사인 그의 형 최영종崔泳琮은 우리나라에서 맨 먼저 구라救癩사업을 벌인 선각자였는데 성품이 곧은 데다 괴짜였다는 것이네. 그는 여름이면 도리 납작한 파나마모자를 쓰고 삼베로 지은 반코트를 입고 다녔는데, 우리 집에도 여러 번 찾아왔네. 최영종은 쉰 살을 넘기자 스스로 호를 오방五放이라고 지었다네. 물욕 식욕 색욕 명예욕 장수욕 다섯 가지를 버린다는 마음가짐으로 그렇게 지었다는 것이네. 그는 또 그 무렵부터 생식을 했는데, 봄철에 채취한 송화松花와 들깨 기장 찹쌀 따위를 섞어 빻은 가루를 일정량씩 봉지에 넣어 가지고 다니면서 배가 고프면 물에 타서 마셨다네. 한번은 우리 집에 온 그가 나에게 냉수 한 그릇을 떠오라고 했네. 그는 내가 가져다 준 냉수 대접에 봉지에 담긴 그 가루를 쏟아 새끼손가락으로 저은 다음에 마셨네.

방림정 어딘가에는 심숭沈崧의 집도 있었을 것이네. 그는 연희전문에 다니다가 자기가 나병에 걸렸음을 알자 갓 스물의 푸른 꿈을 접고 내키지 않는 걸음으로 소록도 갱생원으로 가야 했다네. 그는 자전소설 〈애생금哀生琴〉을 해방 직후 광주의 《호남신문》엔가 《동광신문》에 연재했는데, 그것은 6·25동란이 터진 해 봄에 책으로 출간되었네. 최영종이 구라사업에 열성을 쏟았던 곳이 방림교회이고 보면 지척간인 같은 방림정에 심숭이 살고 있었다는 것이 그냥 우연이었을까. 심숭이 최 목사의 명성을 듣고 그를 찾아가 자기 병에 대한 얘기를 하면서 조언을 청했을런지도 모르지. 그러나 그가 말 없이 소록도행을 택한 것을 보면 별 신통한 수가 있지는 않았던가 보네.

시가지 한가운데 길인 명치정 3정목에는 노인환魯麟煥의 집이 있었네. 그 큰 집의 대문은 네모난 정자 모양으로 지어졌는데, 그 윗부분엔 다락이 설치됐고 다락 아래엔 열 사람쯤이 들어설 수 있는 공간이 마련된 특이한 것이었네. 그 집을 지은 사람은 대문 앞을 지나가는 행인들이 소낙비라도 만나면 그 안으로 들어와 비를 피할 수 있도록 배려했는지도 모르네.

그 집 주인은 인물이 수려한 데다 많은 유산을 물려받은 젊은 부자여서 기생들 사이에서 인기가 좋았다네. 그들 중에서도 어린 동기들은 너도 나도 기생집을 출입하는 사내들 가운데 자기의 댕기머리를 얹어 줄 사내로 그를 첫 손가락으로 꼽았다는 것이네.

당시만 해도 돈푼깨나 가진 야유랑冶遊郎들 사이엔 이른바 동기의 머리를 얹어 주는 행태가 있었다네. 그것은 댕기머리를 땋은 동기를 하룻밤 데리고 자고 나서 낭자머리를 하여 비녀를 꽂게 한 것이었다네. 그것이 '기생의 머리를 얹어 준다'는 말이 나온 연유라네. 기생의 머리를 얹어 준 야유랑은 하룻밤 데리고 잔 대가로 그 기생에게 집을 얻어 주고 의걸이장 침장 경대 등 방안을 꾸밀 가구 일습과 세간살이를 마련해 준다네. 소문으로 들은 얘기지만 그 동기가 마음에 들면 호기를 부려 집을 사 준 놈팡이도 있었다고 하데.

내가 국민학교 4학년 때까지도 광주에서 북쪽의 담양까지 철도가 놓여 있었네. 그 철도는 장차 순창을 지나 남원에 이르고 거기서 전라선과 만나도록 계획된 것이었네. 그런데 일제는 전쟁 막판에 그 철도를 급하게 다른 데다 깔려고 뜯어 갔네. 광주역에서 화순을 지나 순천으로 가는 철도와 뜯기기 전의 그 철도는 역에서부터 나란히 나가다가 계림정 건널목을 지나는 어름에서 방향을 달리했네. 담양으로 가는 철도는 거기서 방향을 북쪽으로 틀었지. 그리고 화순으로 가는 철도는 동쪽으로 시가지를 크게 감싸 안고 남쪽으로 나갔네. 그 두 철도가 북쪽과 동쪽으로 갈라지는 지점으로부터 대여섯 마장쯤 되는 곳, 화순을 지나 순천으로 가는 철도의 안쪽에 형무소가 자리 잡고 있었네.

형무소 앞 넓은 빈터 맞은편엔 황화루皇華樓가 뒤쪽으로 개천을 두르고 서 있었네. 《동국여지승람》에도 이름이 올라 있는 오래된 누각이네. 나는 동무들과 그 누각에 올라가 놀았던 적이 여러 번 있었네. 그래서 이젠 없어졌을지도 모를 그 다락 이름을 잊지 않고 있다네. 황화루 뒤쪽으로 흐르는 개천의 옆길을 따라 내려가면 동정東町이 나타나는데, 새로 지은 집들이 들어선 깨끗하고 조용한 동네였네. 거기엔 일본인들인 도청 부장급 관리들의 몇몇 관사가 네모반듯하게 구획된 대지 안에 들어서 있었네. 그 관사들의 넓은 뜰엔 키 큰 정원수들이 들어차 있어서 밖에서 보아도 음울하게 느껴졌네.

그 동네 한켠에 조성순의 집이 있었네. 그 집은 한옥과 양옥을 맞물려 지은 우아한 건물이었네. 집터의 높낮이를 이용해서 꾸민 정원에는 화초와 나무들을 보기 좋게 심어 놓았네. 대문도 화강암으로 만든 계단을 여러 층 올라간 곳에 설치하여 집 전체를 돋보이게 했네. 담은 화강암의 일종인 쑥돌들을 어른의 가슴께에 닿는 높이로 쌓고, 그 위에 우죽을 가지런하게 사른 편백나무들을 촘촘하게 심어 울타리로 삼았네. 그는 그 집을 6·25사변 뒤 개조하여 호텔로 만들었다네.

조성순은 춘목암春木庵이라는 이름의 요정을 경영하여 돈을 벌었는데, 무등산으로 올라가는 길목에 있는 개울 옆 깊숙한 길목에도 춘목암 별관을 짓고 영업을 했다네. 그 별관 담장은 수많은 빈 맥주병들을 쌓아 만든 것이어서 그곳을 지나가는 등산객들의 눈길을 끌었네. 나는 국민학교 학생이었을 때 무등산을 오르다가 그 맥주병 담장을 보고 기이하게 느꼈던 적이 있었네. 그는 해방이 되자, 미군정 당국에 춘목암을 헌납했다네. 미군정 당국은 그 건물을 유에스아이에스 곧 미국문화공보원으로 사용했네.

그는 딸부자로도 유명했네. 다섯이나 되었으니까. 그런데 그 딸들이 모두 미인인데다가 하나같이 목이 길었네. 짓궂은 상급생들은 그들과 나이가 엇비슷한 넷째딸을 학교 가는 길에서 만나기라도 하면 나나 내 동무들이 보는 앞에서 "야 황새야"라고 큰 소리로 외치면서 놀려먹었네. 그러면 그녀는 머리를 돌려 그들을 외면하면서 종종걸음으로 그곳을 벗어났네. 감기에라도 걸린 그녀가 긴 목에 흰 명주천을 감고 등교하면, 그래서 그 목이 더욱 돋보이던 모습이 아직도 내 눈에 선하네.

광주천에서 멀지않은 곳에 자리한 주택가인 호남정에는 현준호玄俊鎬가 살았네. 솟을대문에 좌우로 긴 행랑을 거느린 문간채는 3층 계단의 축대 위에 세워져 있었는데, 그때가 전쟁으로 세상이 시끄러웠기 때문이었던지 대문이 늘 굳게 잠겨 있었네. 나는 사이 빵꼬와 함께 종종 그 집 앞길을 지나다가 대문 앞 돌계단 위로 올라가 놀기도 했으나 대문이 열려 있었던 적이 없어 한 번도 집 안을 들여다보지는 못했네.

호남은행을 설립하기도 한 갑부 현준호는 자기 아버지 현기봉玄基琫의 묘를 화순에서 광주로 들어오는 들머리인 학정 어귀의 야산으로 이장하고 그 앞 평지에 큰 제각을 지었네. 그 제각은 완공을 눈앞에 두고 일본이 전쟁을 시작하는 바람에 끝마무리를 미룬 채 비워 두었었네. 나는 학교 동무들과 함께 근로동원에 나갔다가 돌아오는 길에 몇 번이나 활짝 열려 있는 그 대문 안으로 들어가 뛰어놀았네. 제각 축대 위로 올라가 빙빙 돌면서 술래잡기 놀이도 했네.

판문점에서 휴전협정이 체결된 직후, 한 영화사가 현준호네 집을 빌려, 윤인자와 이향 주연의 〈옥단춘〉을 촬영했네. 주인도 세상을 떠나고 식구들도 뿔뿔이 흩어져 집이 텅 비어 있었기 때문이네. 동란이 터지고 나서 북의 군대가 광주에 들어왔네. 도청을 접수한 그들 행정 조직은 최영욱, 현준호 그리고 최재식의 아버지를 다른 사람들과 함께 잡아들여 형무소에 가뒀다네. 세 사람은 같은 감방에 갇혀 있었는데 9월 들어 그들이 북쪽으로 철수하면서 최재식의 아버지는 놔둔 채 최영욱과 현준호를 감방에서 끌어내 다른 죄수들과 함께 형무소 농장으로 데리고 가 총살하고 말았다네. 그래서 두 사람의 제삿날이 같다네.

나중에 현준호의 집은 가톨릭교회에 팔려, 헐리고 말았다네. 문화재가 될 만한 한옥이었는데도 말이네. 내 아버지는 그 집이 헐린 것을 아까워하면서 말했네. "내가 안다만 참 잘 지은 집이었느니라. 기둥이 틈이 벌어지지 않고 뒤틀리지 않게 하려고 목재들을 진이 빠지게 묵혀 뒀다가 바닷물에 쪘다는 것이 아니냐. 그렇게 속속들이 알뜰하게 집을 지을 사람이 앞으론 좀체 나타나지 않을 것이다."

나중에 들은 소문이지만 헐린 집에서 나온 재목들이 웬만한 한옥 300채를 지을 분량이었다는 것이네.

…

내가 보고 들은 것들 가운데 여기에 든 사람들과 건물들은 표가 나는데다가 소문을 탈 만한 대상이어서 말한 것뿐이네. 그리고 그것들은 이젠 옛 얘기가 되어 과거 속으로 묻히려 하네. 그들은 성취한 자가 갖게 마련인 상실의 두려움과 안일에 빠져 더는 사람들의 이목을 끄는 화제를 만들어 내지 못하게 되었으니까. 그런 그들과는 달리 누추하고 고단한 삶을 이어가면서 살아온 대다수 사람들은 그 활기차고 끈질긴 생명력으로 광주를 맥박 치게 할 것이네.

겨우 사람 하나가 빠져나올 수 있는 실고삳길을 사이에 두고 다닥다닥 붙은 누추한 작은 집들에서 살려는 의욕에 가득 찬 목소리가, 살기 위해 무엇인가를 해 보려는 어머니와 아들의 대화가 새어 나오는 것을 나는 그 고삳길을 지나가면서 들었다네. 그 사람들 속에서 고장의 앞날을 걸머질 인재가 무더기로 나올 것이네. 그들은 새로운 전설을 만들어 낼 것이네. 그리하여 내가 지난날 꿈꿨던, 오늘도 꿈에 그리는 광주를 이뤄 나갈 것이네.

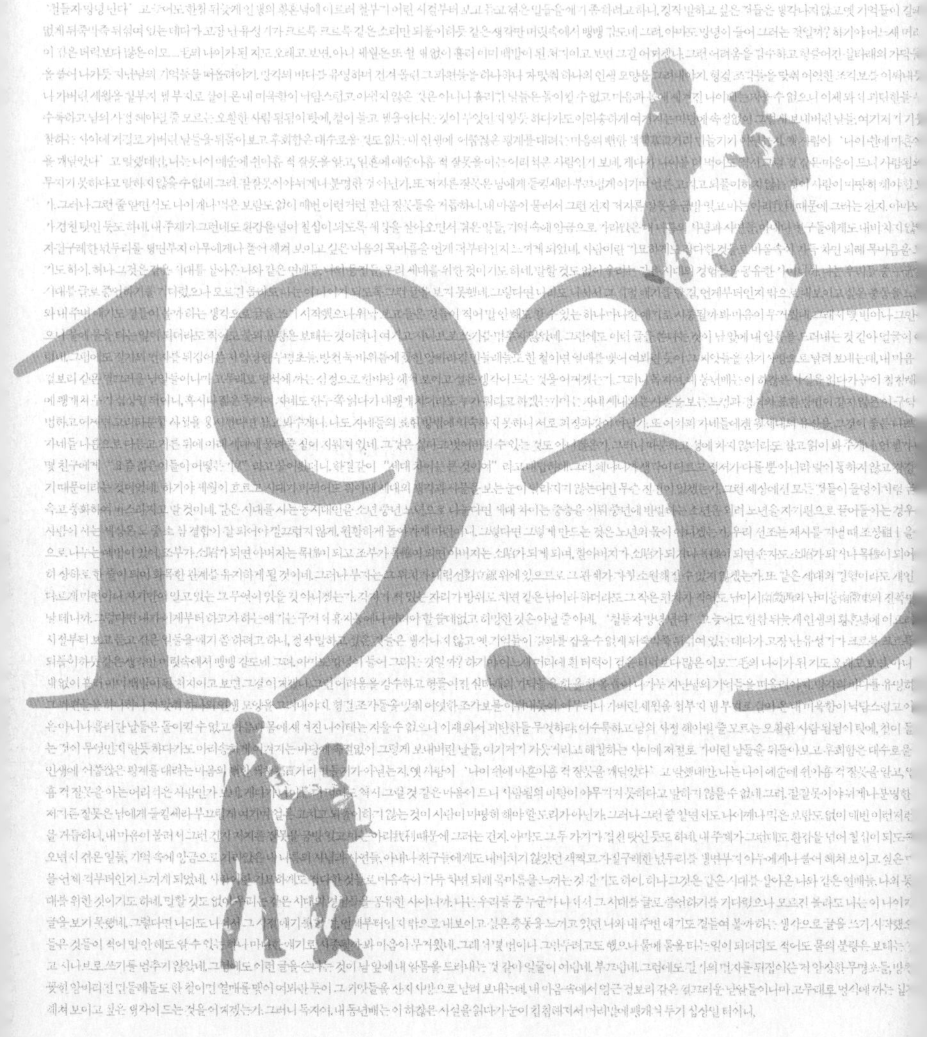
1935

04
·
근로동원勤勞動員의 장章

일제의 전시동원 체제에선 국민학교 학생들에게서조차도 노동력을 착취했네. 3학년 2학기 때 나와 나의 동급생들은 담임 선생 인솔 아래 근교의 야산으로 가서 각각 숯섬 하나씩을 끌고 내려왔네. 우리 국민학생에게는 어른처럼 그것을 등으로 져 나를 만한 힘이 없었으니까 말이네. 그것이 우리가 이른바 근로동원에 내몰리면서 한 일들의 시작이었네.

눈이 살짝 깔린 야산 비탈에서 그것을 끌어내리기란 나에겐 적잖게 힘에 부치는 일이었네. 언덕 아래의 자동차 길에선 화물차가 대기하고 있다가 우리가 운반한 숯섬들을 싣고 갔네. 그 숯들은 목탄 자동차의 연료로 쓴다는 것이었네. 저들은 유류 부족에 시달리자 목탄, 곧 숯을 연료로 사용하는 자동차를 개발했다네. 그것은 차체 밑에 부착한 목탄가스 발생기에서 나오는 가스의 힘으로 차를 구동시키게 되어 있는 자동차라네.

자동차를 몰고 가다 가스 발생량이 줄어들어 차가 속도를 내지 못하면, 운전자는 차를 멈춰 세우고 운전석에서 내려 휴대용 사이렌처럼 생긴 가스 발생기 손잡이를 잡고 수십 번이나 힘껏 돌렸네. 그렇게 하면 가스가 많이 분출되어 차는 제 속도를 냈네. 그것을 돌리면 휴대용 사이렌을 돌릴 때 나는 소리가 났네. 나는 길을 가다가 여러 차례나 운전자의 그런 모습을 보았기 때문에 지금도 그 소리를 생생하게 기억하고 있네.

그해 겨울에는 방학 중이었음에도 우리들은 사흘에 한 번 꼴로 학교에 불려나가 보리밭 밟기에 동원되었네. 그 뿌리가 땅에서 들떠 얼어 죽지 않게 하기 위해서였네. 보리밭 밟기는 집에 돌아와 운동화에서 흙을 떨어 내는 일은 귀찮았으나 그런대로 수월했네.

4학년이 되면서 근로동원은 부쩍 잦아졌네. 1, 2학년생을 뺀 전교생이 하루 수업을 그만두고 일하러 나가기 일쑤였는데, 봄에서 가을까지는 한 달에 열흘 꼴이었네. 저들은 우리 동급생은 3학년 2학기부터 근로동원에 내몰았으나, 다음 학년 학생들부터는 3학년으로 오르자마자 바로 동원했다네. 저들은 어린 학생들에게도 일을 시키지 않을 수 없을 만큼 이른바 '총후銃後 총

력전'을 독려하는 데 혈안이 되어 있었네.

나중엔 날마다 오전 수업만을 받고 오후엔 이런 저런 일을 해야 했네. 그러니 학교 교육은 뒷전에 밀려 부실해질 수밖에 없었네. 그런 중에도 전시라고 하여 학생은 2주에 한 번 꼴로 쉬었고 선생은 연중무휴로 날마다 출근했네. 관공서나 일반직장도 마찬가지였다네.

반공일이나 온공일은 생각지도 못한 시절이었네. 전쟁이 일어나기 전까지는 토요일은 오전 근무만 한다고 해서 반공일이라고 부르고, 일요일은 하루 종일 쉰다고 해서 온공일이라고 불렀는데 말이네. 그런데 그 무렵부터는 학생들이 쉬었던 반공일 온공일도 근로동원에 나가는 날로 바뀌어 버렸다네.

일본 해군은 연중무휴로 1년 365일 함대 근무를 한다고 해서 '월월화수목금금'이란 군가를 만들어 유포시켰는데, 학생들에게도 그 노래를 가르치면서 쉬는 날 없이 일하도록 분위기를 잡았네. 토요일과 일요일은 아예 머릿속에서 지우라는 듯이. 그런 시절에 놓이게 된 조선의 국민학교 학생들이 했던 일들은 봄이면 '마구사가리' 곧 군마들에게 먹일 마초 베기와 초여름인 6월이면 보리 베기와 모내기였고 가을철이면 벼 베기와 무 배추 뽑기였네.

우리 동무들은 벼 베기에 나갈 때는 저마다 빈 소주병 따

105

위를 가지고 가서 나락 포기에 붙어 있는 메뚜기를 잡아 병에 넣어 오기도 하고 나락을 베고 난 논바닥의 여기저기 갈라진 틈에 손가락을 넣어 우렁들을 파내 점심을 먹고 나서 그 안이 빈 밥그릇, 곧 저들이 벤또라고 부르는 알루미늄 합에 그것들을 담아 오기도 했네.

솔뿌리 캐기와 소나무 관솔 따기, 마루따라고 불렀던 통나무 져 나르기 따위는 혹한기를 제외하고는 계절을 가리지 않고 아무 때나 했네. 지금도 생각나네만 마초를 베면서 그 칼날 같은 잎 모서리에 손가락을 베인 적이 한두 번이 아니었네. 저들이 마초라고 불렀던 뻣센 풀은 억새였던 모양이네. 서까래 굵기의 통나무를 어깨에 메고 산기슭에서 적치장까지 시오 리 남짓한 거리를 걸을 때는 그 통나무가 어깨에 배겨 몹시 아팠네.

저들은 어린 학생을 부려먹으려고 날이 톱니로 된 토막 난 초승달 모양의 가벼운 낫을 만들어 보급했네. 어린 학생이 어른의 무거운 낫 대신 사용할 수 있게 말이네. 철물점에선 그것을 싼 값으로 팔았네.

매일처럼 근로동원에 내몰리게 되자 학생들은 아예 톱니 낫과 접었다 폈다 할 수 있는 작은 휴대용 톱을 책가방 속에 넣어가지고 다녔다네. 틈이 나는 대로 야산에 올라가 톱으로 관솔을 잘라 가져 오거나 퇴비를 만들 풀을 낫으로 걷어 오기 위해서였네. 짝꿍끼리 사다리를 들고 가서 소나무에 걸쳐 놓고 관솔을 따기도 했네. 담임 선생이 관솔 수집이나 퇴비 만들기에서 할당받은 책임량을 채우려고 우리에게 몇 사람씩 작업조를 짜게 하여 경쟁시켰기 때문이네.

우리 학교 운동장 뒤편 가장자리에는 여러 대의 늑목들이 나란히 세워져 있고, 그 옆에 높이가 네 단으로 나눠져 있는 철봉틀 셋과 철제 원형 그네 한 대 그리고 나무 봉들을 이어 만든 수십 개의 작은 칸으로 이뤄진 층층대 한 대가 설치돼 있었네.

각 작업조는 그 운동기구들 뒤쪽 빈터에다 퇴비 더미들을 만들었네. 풀을 한 켜 깔고 그 위에 흙을 한 켜 덮으면서 차곡차곡 쌓아 올렸네. 삽으로 그 모서리를 때려 모양을 잡아 가면서 말이네. 내가 속한 작업조에선 당번을 정해 놓고 우리가 만든 퇴비 더미가 잘 숙성되는지 보살피게 했는데, 당번이 된 내가 저녁 나절에 나가 봤더니 다른 풀들은 흙 속에 갇혀 시들어 있었으나 유독 쇠비름들만은 되살아나서 흙 밖으로 잎들을 싱싱하게 내뻗었으며 붉은 빛깔을 띤 줄기들은 물기가 올라 팽팽했네. 나는 그것을 보고 쇠비름의 끈질긴 생명력에 감탄했네. 그리고 지금껏 그것을 잊지 않고 있다네.

광산군 극락면으로 모내기 하러 갔었던 때의 일도 머릿속에서 지워지지 않네. 나와 동무들은 동네 어른 둘이 양쪽에서 못

줄을 잡고 있는 논으로 바짓가랑이를 걷어올리고 맨발로 들어가 못줄에 붉은 보풀로 표시한 자리에 모를 꽂았네. 상하 좌우의 간격이 맞도록 정조식正條植으로 말이네.

그런데 물을 가득 댄 그 논에는 거머리들이 어찌나 많은지 모를 꽂다가 종아리를 내려다보면 거기에 그것들이 몇 마리씩 붙어 있었네. 우리는 그것들을 떼어 내느라고 한참씩 하던 일을 멈췄네. 떼어 낸 자리에는 여기저기 피가 흘러내리다가 엉겨 붙은 자국이 생겼네. 쉴 참에 논두렁으로 올라온 우리는 그 얄미운 거머리를 응징한답시고 강아지풀의 단단한 줄기를 그 빨판의 아가리에 쑤셔 넣어 그 몸뚱이의 안팎이 뒤집히게 했네. 안팎이 뒤집힌 거머리들은 뙤약볕 아래서 이내 시커멓게 말라 비틀어졌네. 우리는 그것을 거머리 아이스께끼라고 불렀네.

동무들 중에 기다하라가 있었는데, 그는 농사일을 도우러 들판으로 나올 적마다 개구리를 잡아 산 채로 입 안에 넣고 삼켰네. 그는 동무들에게 자랑이라도 하듯 양 손으로 개구리 뒷다리를 벌려 잡고 입 앞에서 앞뒤로 흔들면서 "쇼 쇼 쇼조지 쇼조지노 니와와 쓰 쓰 쓰끼요다 민나 데데 고이 고이 고이"라는 일본 동요의 첫 대목을 불렀네. 그러고 나서 삼켰네. 나는 그때도 그가 개구리 몸에 붙은 나쁜 균에라도 감염되어 병에 걸리지나 않을까 은근히 걱정했지만, 그는 지금까지 별 탈 없이 건강하게 살

108

고 있다네.

우리가 근로동원에 강제 당했을 때 한 일들 중에서는 '쇼꽁호리', 곧 솔뿌리 캐기가 몹시 힘들었네. 저들은 광주 인근의 야산들에서 많은 소나무들을 마구 베어냈네. 난방용 땔감을 마련하고 땅을 파서 만든 수많은 방공호들의 덮개로 쓰기 위해서였네. 그리고 학생들에게는 그 그루터기와 뿌리를 캐내게 했네. 소나무 뿌리는 억세고 가지가 여럿인데다 땅 속 깊이 박혀 있어서 곡괭이로 그것을 파내려는 우리를 몹시 애 먹였네. 좀 굵은 뿌리는 하루 종일 일해도 파내지 못할 때가 많았네.

그렇게 우리가 어렵사리 캐낸 솔뿌리들은 무등산으로 가는 길목에 있는 배고픈다리 건너 공터에 운반해 놓았는데, 그것들은 산더미처럼 자꾸 쌓여 갔네. 거기엔 간이 착유장치도 설치해 놓았었네. 국민학교 학생들까지 동원하여 그토록 많은 솔뿌리를 캐내게 한 까닭은 어떤 일인 과학자가 솔뿌리에서 짜낸 송근유로 비행기 연료인 휘발유를 대체할 수 있다는 연구에 성공했기 때문이라는 것이었네.

그 무렵 저들은 광주 부근에 군용 비행장을 건설하고 콘크리트 격납고들도 짓고 있었는데, 그 비행장 활주로에서 날아오를 연습기들의 연료로 송근유를 쓰기 위해서 어린 학생들까지 그렇게 심한 노동에 동원한 것이 아닌가 하고 나는 짐작했네. 우리들은 그 비행기를 '아까 돔보' 곧 붉은 잠자리라고 불렀네.

비행장은 해방 되던 해 봄에 공사가 마무리되었네. 그러나 저들은 송근유를 한 번도 짜내지 못한 채 패전을 맞이했다네. 해방이 되자 배고픈다리 부근에 있는 동네의 주민들이 땔감으로 쓰려고 그 많은 솔뿌리를 가져가 어느새 솔뿌리 산더미는 사라졌고, 착유시설도 누군가 뜯어 갔네.

2

내가 4학년 때의 여름방학 기간인 8월 한 달 동안, 3학년부터 6학년까지 우리 학교 전교생은 광주천이 시가지를 지나 먼발치에서 극락강과 만나는 곳인 효덕리 냇가에 나가 냇가 언저리의 자갈들을 긁어모으는 일을 했네. 그 자갈들은 거기서 남서쪽으로 한 십 리쯤 떨어진 곳에다 건설하고 있는 비행장 활주로를 다지는 데 쓰이는 것이었네.

나는 하얗게 냇가를 뒤덮은 학생들 틈에 끼여 자갈을 호미로 삼태기에 긁어 담아 연해연방 방천 뚝 위로 날랐네. 열흘도 안 돼 냇가의 자갈들이 바닥났으므로 우리는 얕은 냇물 속으로 들어가 바닥을 긁어 자갈들을 퍼올렸네. 지금도 기억이 나네만,

흐르는 물을 오랫동안 굽어다보면서 자갈을 긁어모으고 있노라면 머리가 어질어질하고 물때가 낀 냇물 바닥에서는 비릿하고 조금은 역겨운 물때 냄새가 났네.

　뜨거운 햇볕 아래서 일하느라 더위에 지친 우리는 일손을 멈추고 후줄근하게 땀에 젖은 옷을 입은 채로 물속에 몸을 담그고 달아오른 몸을 식히면서 멱 감기도 하고 서로 물장난을 치기도 했네.

　……

　우리가 둑 위로 운반한 자갈더미들이 여러 군데에 쌓이면, 도로꼬가 개폐식 적재함 대여섯 량을 끌고 둑 위에 깐 궤도로 달려와 그 자갈더미를 공사장으로 실어 날랐네. 적재함에 삽으로 자갈을 퍼올리는 일은 그것을 타고 온 중학생들의 몫이었네.

　그 일대의 냇가와 냇바닥은 우리가 자갈들을 긁어냄에 따라 지천으로 깔려 있던 크고 작은 조약돌 자갈들을 빼앗기고 모래와 진흙 바닥을 드러냈네. 많은 학생들이 저들이 시키는 대로 어떻게나 마구 긁어냈는지, 채취를 시작한 지 한 달이 채 되기도 전에 말이네. 물에 닦여 매끄럽고 반들반들해진 작은 돌들을 걷어낸 냇가는 여기저기 작은 모래톱들이 생기고 곳곳에 물이 괸

111

질척한 진흙 바닥으로 변했네. 자갈들이 사라진 냇가의 그 질펀한 품은 마치 부스럼이 도져 진물이 흐르는 사람의 몸뚱어리처럼 더럽고 흉측했네. 그 위로 물이 흐르는 냇바닥은 눈에 보이지 않아 그나마 덜 삭막했지만.

그러나 냇가 기슭으로 눈을 돌리면, 더위를 반기기라도 하듯 무리 지어 피어나 하늘거리던 꽃, 나와 내 동무들이 여름 코스모스라고 불렀던 그 꽃들은 그런 추악한 몰골을 내려다보고 슬픔이라도 느낀 듯 아슴하게 피어 있었네. 다섯 가닥으로 갈래진 가녀린 연초록 잎사귀가 좌우로 어긋나게 뻗은 가는 줄기 끝에 피어 있는 꽃은 여덟 낱의 샛노란 꽃판들이 그 가운데 다갈색 꽃술을 품고 있었네.

여름 코스모스는 더위 먹은 나에게 '나처럼 더위를 이겨내야 해. 더위에 져서는 안 돼'라고 속삭이는 것 같았네. 근로동원에 시달려야 했던 나에게 아련한 기쁨과 솟구치는 활기조차 불어넣어 줬던 그 꽃의 이름을 나중에 알아보니, 내가 그때 그 꽃에서 받았던 인상과는 어울리지 않게 기생초였네. 그리고 그 원산지도 우리나라가 아닌 미국이었네.

인학 형이 다녔던 중학교는 아예 전교생이 학년과 학급 별로 공사 현장에 천막을 치고 합숙하면서 일을 했는데, 농업학교, 사범학교 그리고 다른 중학교와 함께 보름 간격으로 교대하면서 활주로를 닦았다네. 막사와 격납고를 짓는 일엔 일반 노무자들이 동원되었다고 하데.

합숙에서 돌아온 인학 형은 밥상머리에서 어머니에게 말했네.

"우리 담임 선생은 일본인인디 학생들이 밑반찬으로 가져온 고추장을 맛보고 첨엔 맵다고 오만상을 찌푸렸어라우. 그런디 몇 번 먹어보고 나더니 끼니 때마다 고추장을 찾았당께요."

해방이 되던 해 초여름에도 저들은 마지막 몸부림을 치듯이 식량 증산을 해야 한다면서 우리 학생들로 하여금 학교의 단단하게 다져진 넓은 운동장을 곡괭이로 파헤치게 했네. 그리고 거기에 고구마 순들을 가득 심게 했네. 학생들은 이번에도 조를 짜서 그 고구마 밭에 번갈아가며 물을 주었다네. 그러나 고구마를 수확하기도 전에 일본은 패망하고 말았네. 하지만 메마른 운동장을 갈아엎은 척박한 땅에서도 고구마 순들은 잘 자라서 자줏빛이 감도는 짙푸른 잎들은 온 운동장을 뒤덮은 긴 줄기들을 타고 싱싱하게 뻗어 나갔네.

그처럼 극성스러웠던 근로동원도 태평양전쟁이 막바지에 이른 종전의 해로 접어들자 흐지부지 수그러들었네. 그 일을 맡아 지휘했던 상부 책임자가 아마도 더는 밀어붙일 경황이 없었던가, 일손을 놓았기 때문이었을 것이네. 그 무렵에 이르자 학교에선 50명 정도로 나눈 학급 단위인 조組 안에 다시 같은 정町에 사는 학생들로 몇 개 반을 만들어 등하교 때 서로 연락하여 함께 열을 지어 다니게 했네. 하지만 등교해도 거의 수업은 받지 못했네. 그럴 것이 선생들이 어디로 갔는지 그 모습이 보이지 않았고 나이 든 몇 몇 선생들만이 남아 있었기 때문이네. '젊은 선생들은 징병이나 징용으로 끌려갔거나 아니면 숨어 버리지나 않았을까'라는 생각이 들었네. 그러다 보니 한 선생이 여러 조를 맡아 가르치게 되었으므로 우리에게는 수업을 받는 시간보다 자습하는 시간이 훨씬 더 많았네.

......

저들은 미군 폭격기 편대의 빈번한 일본 본토 폭격으로 그 도시들이 초토화한 데 대해 공포심을 가졌던 모양이어서 조선의 학생들에게도 무시로 방공훈련을 시켰네. 우리는 등교하여 교실에 앉아 있다가도 방공훈련 사이렌이 울리면, 미리 허리에 차고 온 두건을 풀어 머리에 쓰고, 정별로 나뉜 학생들끼리 대열을 지어 교실을 나와 동네 어귀까지 함께 온 뒤에 흩어져서 각자 자기 집으로 돌아갔다네.

길을 가다가도 적기 내습을 알리는 적색경보 사이렌이 요란하게 울리면 사람들은 걸음을 멈추고 근처에 있는 방공호로 들어가거나 건물 처마 밑에라도 붙어 있어야 했네. 그럴라치면 길은 사람이 다니지 않아 텅 비었네. 그러나 나는 같은 동네에 사는 동무들과 함께 길갓집들의 처마 밑으로 살금살금 걸어 경보가 해제되기를 기다리지 않고 집으로 빨리 돌아왔네. 어른들이나 학생들은 그처럼 뻔질나게 방공연습을 했지만 실제로 광주가 폭격당한 일은 없었네. 아마도 B29인 듯 싶은 비행기가 비행운을 길게 일으키면서 고공을 지나가는 것을 서너 차례 보았을 뿐이네.

두 해 전에 저들은 일본에서 고사포를 쏘아 격추시켰다는 B29 잔해를 광주에도 가져와 전시했네. 그 장소는 새로 지은 2층짜리 광주상공회의소였네. 학교에선 학생들을 학년별로 단체 관람을 하게 했으므로 나도 나의 조 동무들과 함께 가 보았다네. 거기엔 비행기 동체의 일부분과 날개 파편들, 조종사 비행모와 명찰이 붙어 있는 비행복 상의 그리고 기관포와 거대한 비행기 앞바퀴 두 개가 진열되어 있었네. 나는 그것들을 보고 나서 슬며시 그 조종사가 궁금해졌네. 그는 죽었을까, 살았을까. 살아서 끔찍한 꼴을 당하지나 않았을까. 일제가 사로잡은 포로들을 산 채로 해부한다는 소문이 당시 사람들 입을 통해서 수군수군 나돌았는데, 나는 동무들과 함께 그것을 들었기 때문에 그런 생각이 머리에 떠올랐던 것 같네.

3

창씨개명을 하고서야 국민학교에 들어갈 수 있었던 우리들은 학교에 들어간 해가 끝나기도 전에 저들이 일으킨 전쟁의 소용돌이에 휘말리게 되었네. 저들은 전쟁에 임하는 '황국신민'의 사기와 의욕을 고취시킨답시고 이른바 애국가요와 군가 나부랭이를 만들어 우리가 부르도록 가르쳐 줬네. 그리고 운동장에서의 조회 때나 대열을 지어 근로동원에 나가거나 돌아올 때 부르게 했네. 3, 4, 5학년 동안 내내. 그런 노래들 중 특히 〈요까렌의 노래〉를 이심하게 부르게 했네. 그 노랫가락은 그래서 아직도 내 귓전에서 뱅뱅 맴돌고 있다네. 한번 들어볼라나.

와까이 지시오노 요까렌노
나나쓰 보당와 사꾸라니 이까리
교오모 도부 도부 가스미까우라냐
데까이 기보오노 구모가 와꾸

우리 말로 옮기면 이렇다네.

젊은 피 들끓는 요까렌의

일곱 개 보턴은 사꾸라에 닻

오늘도 날고 나는 가스미까우라엔

드높은 희망의 구름 피어오른다

나중에야 알았지만 요까렌豫科錬은 비행예과飛行豫科 연습생을 줄인 말로 '가미까제神風' 특공대를 양성하는 과정을 이수하는 생도라는 말이었네. 그런데 그 특공이라는 것이 조종사가 비행기를 탄 채 미국 항공모함이나 함정에 충돌하는 자살공격이었다네. 저들은 그것을 '다이아다리'라고 말했네. 그런 지독한 짓을 일본이란 국가의 이름, 저들의 왕의 이름으로 시켰으니 요즘 들어 빈발하는 아랍 사람들의 자살 폭탄 테러는 그에 비하면 약과라고나 할까? 그래서 그런지 그 노랫가락은 군가답지 않게 어쩐지 애조를 띠고 있었네.

요까렌은 동경 동북쪽에 있는 가스미까우라라는 큰 호숫가에 위치한 도시 쓰찌와라 소재의 해군항공대 안에 설치되어 있었다네. 요까렌에 입대하면 해군 소년비행병이라고 불렸는데, 《주간 아사히》에 나와 있는 그 모집 요강은 다음과 같았네.

1시험: 학과 체격

1자격: 갑종은 연령 만 16세부터 20세까지. 학력學歷 불문. 학력學力은 중학 3년 수료 정도. 을종은 만14세부터 18세까지. 학력은 국민학교 고등과 졸업 정도.

1문의: 각 진수부鎭守府 지방해군 인사부. 각 부府 현縣 시市 정町 촌村의 병사계.

1검사 시기: 갑종은 8월과 12월. 을종은 일반 해군지원병과 같음.

1목적 대우: 전원이 항공간부에 필요한 교육을 받으며 갑종은 반년, 을종은 2년이면 1등비행병이 된다. 이후 누진하여 중좌 소좌로도 된다.

자살 특공의 지원자들을 끌어모으려고 무던히도 배려한 모집 요강이 아닌가. 학력學歷을 묻지 않으니 독학으로 국민학교 고학년 정도의 배움만 터득하면 되고, 조선이라면 자기가 사는 마을 가까이에 있는 면사무소에 가기만 해도 지원할 수 있었으니까 말이네. 기차 타고 연락선만 타면 대처에 나가 세상 구경을 하고 일본군 장교도 될 수 있다는 꾐에 빠져들 농어촌 소년이 어찌 한 둘뿐이겠는가. 지금 와서 생각해 보니 우리 학생들에게 그토록 〈요까렌의 노래〉를 부르게 했던 것도 우리를 자살특공대에 지원케 하려는 사전 세뇌공작으로 여겨지네. 남평에 사는 남평 문 씨인 후미야마文山란 사람은 그런 과정을 거쳐 가미까제 특공대원이 되었는데 비행기 조종 실력이 뛰어났다고 하데. 저들이 오키나와라고 부르는 유구琉球 섬에 상륙하려고 미군의 수많은 함정들이 그 곳으로 밀어닥치자 일본 군부는 '다이아다리' 작전을 결행했으며, 후미야마는 그 작전에 불려나가게 되었다는 것이네. 그는 다른 대원들과 함께 일왕이 내린 이른바 어사주御賜酒 한 잔씩을 받아 마시고 자기 비행기에 올라탔다네. 항간에서는 그 술엔 각성제 필로폰이 들어 있다는 소문도 나돌았다네. 그런데다 저들은 편도 비행을 할 수 있는 분량의 연료만을 비행기에 넣어 줬다는 것이네.

후미야마는 애초부터 자살 특공을 할 마음이 없었으므로 유구 섬 상공에 이르러 특공대 비행기들의 전열이 흐트러지자, 기체 아래 붙은 폭탄 착탈 장치의 손잡이를 잡아당겨 폭탄을 떨어뜨리고 나서 미 군함들의 대공포가 쏘아 대는 무수한 포탄들의 탄막을 피하면서 기수의 방향을 돌렸으나 그땐 이미 연료가 바닥이 나고 말았다네. 그는 거기서부터 글라이더를 타고 비행 연습을 했던 경험을 살려 활공 비행을 시작하여 멀리 떨어져 있는 중국 주산舟山열도의 한 섬 백사장에 탈 없이 착륙했다는 것이네. 해방 직후 광주에 그 일이 알려졌으므로 나도 얻어들었다네.

일본이 전쟁에서 패색이 짙어질 무렵에 '묻지 마라 갑자생'이란 말이 나돌았다네. 그것은 태어난 해가 육갑이 시작되는 첫해이므로 팔자가 좋을 것이란 뜻에서 한 말이 아니라 갑자생은 전쟁을 만나 운수가 몹시 사나울 것임을 빗대서 한 말이라고 하데. 그럴 것이 당시의 갑자생은 저들이 전쟁을 시작한 다음 다음 해인 소화 18년에 징집에 끌려갈 나이인 스무 살이 되었기 때문이네. 그래서 그들은 징병이나 징용에 강제로 동원되었다네. 그들은 전장에 끌려가서는 총알받이가 되고, 남양군도의 군사 시설 건설 현장이나 사할린의 탄광에 가서는 힘겨운 노동과 굶주림으로 죽어 갔다네. 어디 갑자생뿐이겠는가. 그 전후에 태어난 계해생이나 을축생도 마찬가지였다네.

갑자생인 내 재종형은 대학에 입학하자마자 학병으로 끌려갔고 저들의 인도 진공작전인 임팔 전투에 투입되었다네. 그런데 그가 소속된 부대는 미얀마와 인도 동부 국경 사이에 가로놓인 열대 원시림에 갇혀 자멸하고 말았다는 것이네. 그는 구사일생으로 살아 돌아왔지만 넋이 절반쯤은 나간 모양이어서 집안 사람을 만나기만 하면 붙잡고 말했네. 부대원들이 죽도록 굶주린 나머지 동료 병사를 살해하여 그 인육을 먹기도 했는데, 자기도 그 살점을 얻어먹었노라고 말이네.

내 종형은 계해생인데 징용을 당해 끌려간 곳이 시모노세

끼下關 바로 밑에 있는 작은 섬 히꼬시마彦島의 군수공장이었다네. 아들의 안부를 몰라 애가 닳은 숙모는 아들을 그곳에서 빼내오려고 중병에 걸린 척 자리보전을 하고 드러누웠네. 그리고 어머니가 병이 위독하다는 사유를 징병 담당자에게 알리면서 종형이 문병하러 나올 수 있게 해 달라고 간청했다네. 그 청원은 용케도 받아들여져서 종형은 집으로 돌아왔네. 그는 돌아오자마자 깊은 산골로 몸을 숨겼네. 숙모는 그 일로 관계 당국의 닦달을 받았지만, 어쩌겠는가 아들을 위해선 견뎌 내야지.

내게는 재당숙이 되고 둘 사이는 종항간인 장근章根과 옥근玉根은 동갑내기여서 자주 어울려 다녔는데, 일본이 패망하기 전 해 여름에 황금정에 있는 극장 제국관帝國舘에 그 사촌 형제가 함께 영화를 보러 갔다네. 그 영화 제목은 〈말라이의 하리마오〉였다고 하데. 그것은 저들의 애국심을 고취하기 위해 만든 이른바 국책 영화들 중 하나였네. 그런데 영화를 보고 난 관객들이 영화관을 나오려고 하자 순사들이 극장 출입문을 막고 징용에 보낼 만한 사람들을 색출해 냈다는 것이네. 그 당시 그들의 나이는 열다섯 살이었다네. 그런데 약삭빠른 장근은 나이를 한 살 낮춰 열네 살이라고 순사에게 말했고, 몸집이 큰 옥근은 눈치 없게도 한 살을 올려 열여섯 살이라고 뻐기듯 말했다는 것이네. 그래서 장근은 징용 대상에서 제외되었고, 옥근은 집에 들르지도 못하고 그 길로 징용에 끌려갔다네. 영화를 보러 갔다가 징용자 색출에 걸린 다른 청장년들과 함께 말이네.

해방이 되면서 징용에서 돌아온 옥근은 큰집 제삿날에 와서, 모여든 형제 조카들에게 너스레를 놓으면서 허풍스럽게 자랑했네. 자기가 끌려간 곳은 오사카 근교의 공장이었는데, 자기는 힘이 세고 일도 잘 해서 나이가 적은 데도 작업반장을 맡았노라고. 또 말했네. 미군 폭격기 편대가 몇 번이나 오사카를 공습했는데도 공장 주위에 배치된 고사포 부대는 그때마다 포들을 펑펑 쏘아 대기만 할 뿐 단 한 대도 격추시키지 못했다고. 하늘에서 포탄들이 터져 수많은 구름꽃이 피어나는 장관만 실컷 구경했다고도 그는 말했네. 그처럼 활달한 낙천가였던 그였지만 6·25사변이 나자 이번엔 국민방위군으로 끌려가 어디서 죽었는지도 모르게 죽고 말았다네.

……

저들은 소총탄과 포탄의 탄피를 만들 놋쇠가 모자라게 되자 정사무소 직원이나 면사무소 직원들로 하여금 가가호호 돌아다니면서 유기 공출에 나서게 했네. 명색이 공출이지 억지로 빼앗아 가는 것이었네. 아니 공출이란 말 자체가 강제 징수를 뜻했네.

어떤 시골 마을에선 유기 공출이 부진하자 겨울철인데도 면직원이 그 마을 사람들을 동구 밖으로 불러내, 몇 시간 동안이나 웃옷을 벗고 벌을 서게 했다네. 우리 집을 드나드는 그 마을 사람이 와서 한 말이네. 우리 민족은 조상 적부터 겨울철에는 놋그릇에 밥을 담아 먹었으므로 집집마다 놋그릇이 없는 집이 없었네. 누구 말마따나 공출을 당한 조선 사람들에겐, 마치 저들이 탄피를 만들어 전쟁을 하게 하려고 우리가 여태껏 놋그릇을 간직하고 있었지 않았나, 라는 묘한 감정이 들었다는 것이네.

우리 집에서도 놋그릇이 가득 담긴 큰 대소쿠리를 두 개나 빼앗겼다네. 그래서 밥그릇으로 양재기나 일본식 공기를 썼는데 어머니는 해방 뒤 집안 깊숙이 감춰 놨던 놋그릇들을 꺼내, 다시 밥을 담아 밥상에 올려놓았다네. 그런데 그것들은 몇 대 전 할아버지 때부터 사용해 온 세전지물이었는데 그 크기가 몹시 우람했네. 나는 그 그릇들을 보고 옛 사람이 밥을 많이 먹었다는 것을 알았네. 얼마나 컸냐고? 요즘 밥그릇의 네 배는 되었네. 옛 사람들은 군것질은 하지 않고 끼니 때 밥만 먹었기 때문이 아니었을까? 그런 생각이 들었네.

유기 공출이야 한때의 일이지만 농산물 공출은 저들이 전쟁을 벌인 뒤부터 줄곧 계속해 온 농민수탈정책이었네. 조선 농민들은 가을에 수확한 곡식들 중 한 해 동안 겨우 연명할 수 있는 수량만큼만 공제받고 나머지 전량을 저들에게 공출이란 이름으로 빼앗겼다네.

그 때문에 농민들이 곡물을 내다 팔지 못해 쌀이나 보리 같은 양곡을 파는 가게는 자취를 감췄네. 그 바람에 양곡은 암시장에서 거래되고 값이 폭등했네. 저들은 공정가격이란 것을 정해서 발표하고 식량배급제도를 시행하여 도시 주민들에게 그 값으로 양식을 공급했네. 그러나 1인당 배급량이 턱없이 적어 조선 사람들은 배고픔에 허덕여야 했네.

저들은 또 조선에서 생산된 질 좋은 쌀은 일본으로 반출하고 우리에겐 만주에서 들여온 콩을 떠안겼네. 사람들은 그래서 쌀은 몇 태기 들어 있지 않은 콩밥을 해 먹거나 꽁보리밥을 해 먹어야 했네. 나도 콩밥을 숱하게 먹었는데 그 맛이 구미에 맞지 않고 느끼해서 입맛을 질리게 했네. 꽁보리밥은 씹고 있노라면 입 안이 껄끄러웠네. 우리 집에선 어머니가 무를 채 썰고 거기에다 쌀을 섞어 지은 무밥을 해 주기도 했는데 무밥을 먹으면 금세 배가 꺼져 시장기를 느꼈네.

고기는 제삿날에나 명절 때 겨우 맛볼 수 있었네. 1년 내내 고기를 구경하지도 못하는 사람들도 많았다네. 웬만큼 사는 집 마나님조차도 고기를 먹지 못해 소병素病이 났다면서, "비게가 둥둥 뜬 도야지 괴기 삶은 국물이라도 한 대접 먹었으면 소원이 없겠다"라고 말하는 것을 들었네. 우리 집에서도 어쩌다 고기를 구하기라도 하면, 어머니는 그것을 삶거나 국을 끓여 밥상에 올려놓았네. 고기를 굽거나 볶으면 이웃집으로 그 냄새가 퍼져 나가는 것이 미안하다면서. 그런 경험이 있기 때문인지 나는 요즘에도 먹던 음식을 남기지 못하고 그릇을 깨끗하게 비우네. 식탁에서 남들이 음식을 남기는 것을 보면 낭비로 여겨져 아까운 생각이 든다네.

그 무렵은 집집마다 아궁이에 장작을 때서 밥을 짓고 난방도 했으므로 어지간히 사는 집이면 으레 그러했듯이 우리 집도 값 비싼 장작만을 마냥 사서 때지 않고 땔감을 스스로 마련하기 위해 소나무들이 들어찬 작은 산 하나를 소유하고 있었다네. 그리고 그 산에서 간벌한 소나무들을 장작으로 충당했는데, 우리 집에선 그 산을 '깎음'이라고 불렀네. 그 '깎음'은 증조부 때부터 소유하고 있었는데, 그 이름이 팻재였네. 우리 집에선 그 '깎음'을 유지하고 가꾸기 위해 장작을 많이 쓰지 않는 여름철이나 값이 쌀 때는 장작을 나무장수한테서 사서 쓰기도 했네.

그런데 전쟁이 막바지에 이르자 저들은 주인의 허락도 받지 않고 아무데서나 소나무들을 벌채하기 시작했네. 관청에서 벌채하겠다고 주인에게 통고하면, 소유주는 못하게 막을 처지에 있지 않은데도 말이네.

어머니는 말했네. "우리 '깎음'의 솔밭을 그대로 놔두면 왜놈이 달라들어 다 비어 갈 텐디 차라리 우리가 먼저 비어 오래 두고 땔 장작이나 구터 둬야겠다."

어머니는 인부 서너 사람을 사서 한 열흘간에 걸쳐 그동안 애써 돌봐 온 그 소나무 밭의 소나무들을 모두 베어냈네. 어머니는 늦봄에 열흘 남짓 산에 가서 나무 베는 것을 지켜보느라고 얼굴이 까맣게 탔네. 그 때문에 우리 '깎음'은 민둥산이 되고 말았네. 남의 집 '깎음'도 우리 집의 산이나 별반 다를 것이 없었네.

나나 내 동무들이 두고두고 캐내야 했던 솔뿌리들이 왜 그토록 많았느냐 하면 저들이 그와 같이 소나무들을 함부로 베어냈고 산 임자들조차도 소나무를 저들에게 빼앗기지 않으려고 베어냈기 때문이었네.

126

勤労動員

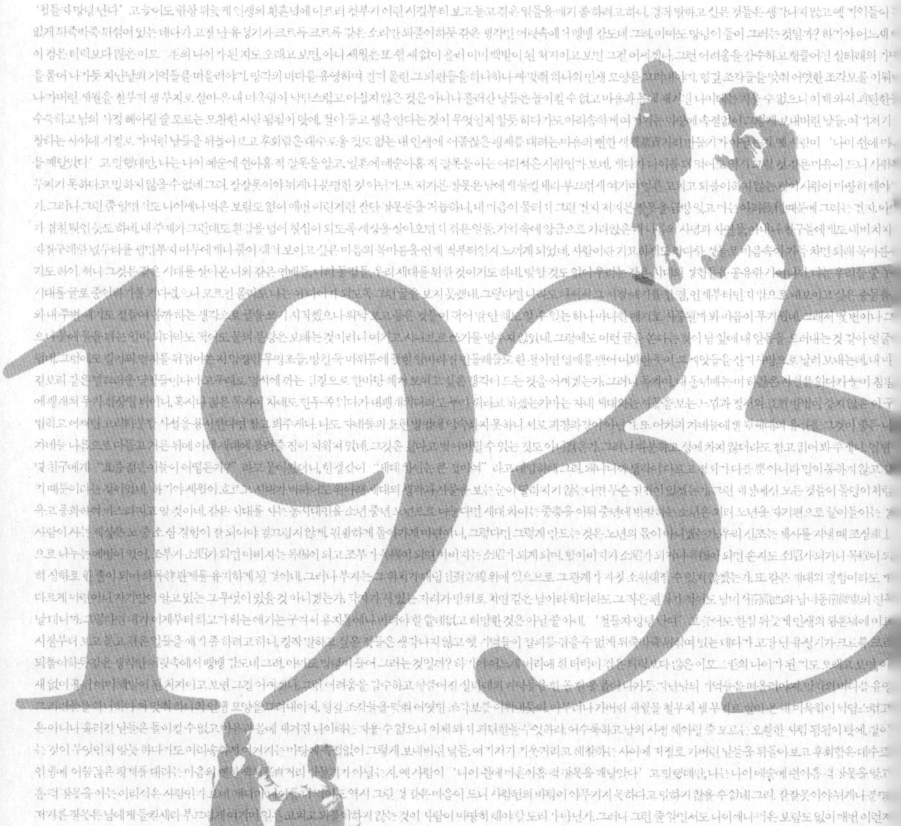
1935

05
·
해방전야解放前夜의 장章

1

그해 8월 열사흘 날, 광주엔 폭풍우가 몰아쳤네. 그 서슬에 우리 집 사랑채의 일각문 밖에 서 있었던 수양버들이 쓰러졌네. 몸피가 어른 손으로 네댓 뼘이나 되는 굵은 나무인데도 강풍을 못 이겨 뿌리가 뽑히고 말았네. 내가 올라가 놀기도 했던 우물가의 감나무에선 아직 익지 않은 풋감들이 한 삼태기가량이나 떨어졌네.

어머니는 어떤 조짐이라도 예감한 듯 내게 말했네.

"어느 해라고 큰 비바람 한두 차례 닥치지 않은 적이 있었더냐? 헌디 올해사 말고 나무가 뽑히다니 별 일이다."

이튿날은 아침엔 부슬비가 조금 내렸으나 이내 하늘이 파랗게 개고 한여름의 폭양이 뒤이어 시가지의 아스팔트 도로를 끈적끈적하게 만들 만큼 내리쬐었네. 우리 집 마당에는 여기저기 빗물이 괴어 있었으나 앞쪽 담 구석의 은행나무는 '내가 언제 풍우에 시달렸느냐'는 듯이 생기를 내뿜으면서 기지개를 켰네.

아침밥을 먹고 난 나는 우리 집 대문 오른쪽에 있는 이웃집으로 놀러갔네. 괴괴하게 인기척이라곤 나지 않는 그 집엔 야스다安田라는 청년이 혼자 숨어서 그날그날을 보내고 있었네. 그는 지난해 봄 동경의 어느 대학에 입학했으나 저들의 학병에 지원하라는 강요가 거세지자, 경찰의 감시를 피하여 그의 말대로 '고향으로의 둔주遁走'를 감행했다는 것이네. 아는 사람이라곤 없는 동경에 가 있다가는 금방 붙잡혀 군대에 끌려가기 십상이었으니까. 고향으로 돌아오더라도 경찰이 뻔히 알고 있는 자기 집에 와 있을 수는 없으니까 친지의 집에라도 가서 숨어 있을 요량으로 그랬다는 것이네. 그런데 마침 우리 집 이웃집인 그의 자형의 집이 비어 있어서 그곳으로 와서 숨어 있었다는 것이네. 자형의 집을 지켜 줄 사람도 필요한 터였으니까.

그의 자형은 어린 나이에 일본 오사카로 건너가 온갖 고생을 하면서 적잖은 돈을 모았는데, 해방이 되던 해 봄에 일본 생활을 청산하고 아내의 고향인 광주로 와서 큰 집 두 채와 수만 평의 토지도 사들였다는 것이네. 그 두 집 중 한 채가 바로 우리 이웃집이었네. 그의 자형은 전쟁이 되어 가는 꼴을 보고 일본이 패망할 것임을 예감하여 일본에 있는 재산을 다 팔아 거머쥔 돈을 가지고 귀국했다고 하데. 그렇다면 그는 상당한 혜안을 가진 사람이라고 할 것이네.

야스다는 학병 기피자를 색출하기 위한 경찰의 손길을 피하려는 사람답잖게 내가 그를 만날 때마다 느긋한 얼굴로 나를 대했네. 파출소 순사나 정사무소 직원이 그악스럽게 자기를 찾지 않을 것이라고 당시 세상을 짚어 보고 있었기 때문인지도 모르네.

저들은 그 무렵에 소개령疎開令이란 것을 내렸는데, 그것은 적기의 공습에 대비해 인구가 조밀한 도시의 주민들을 인구가 희소한 시골로 산개시킨다는 것이었네. 광주에서도 생활에 약간의 여유라도 있는 축에서는 집을 비워 놓고 시골로 소개하는 가구들이 꽤나 있었네.

그처럼 사람들이 도시에서 빠져나가고 민심이 들썩거려 세상이 어수선한 판이라 순사나 정사무소 직원도 상사가 시키는 일을 건성으로 하는 척 시늉만 냈을 법도 하네. 항간의 수군거림마따나 일제의 패전이 점쳐지는 마당에 거의 조선 사람인 그들 말단 하수인들은 '설마 일본이 패전이야 하랴'라고 반신반의하면서도 그렇게 되었을 때 자기가 받게 될 손가락질과 질책을 걱정하느라 어깨가 처져 있었을 것 아닌가. 그들은 야스다의 자형

이 그 집을 산 사실을 알지 못했거나, 색출하는 시늉만 내서인지
거기 와서 그를 찾은 적은 한 번도 없었다네.

그 집은 남동쪽으로 넓은 정원을 끼고 들어앉은 기와집이
었네. 그 집 주인은 노경에 접어든 여☐ 변호사였네. 그는 그 집
에 변호사 사무실을 차려 놓고 그 집에서 멀지 않은 곳에 있는
재판소를 들락거렸네. 나는 겨울이면 그가 중절모를 쓰고 일본
인이 돈비라고 부르는 인버네스(헐렁한 남자용 오버코트)를 양복 위
에 걸친 모습으로 바깥출입을 하는 것을 종종 보았네. 왼손엔 서
류가방을 들고 오른손으로는 단장을 휘두르면서 말이네. 지금
도 그가 신고 다니던 검정 에나멜 가죽구두가 눈에 선하네. 구두
끈 대신 위에서 아래로 가지런히 달린 똑딱 단추 세 개로 구두
를 여미게 되어 있는 그 구두는 코끝이 유난히 반짝거렸네. 나는
여 변호사의 집이 팔린 줄 몰랐기 때문에 그의 모습이 보이지 않
는 것을 의아하게 여기다가 아마도 시골로 소개했거니, 라고 생
각했네. 그래서 나는 처음엔 야스다가 여 변호사의 집을 봐 주기
위해 와 있는 사람인 줄로 알았네.

     ……

그 집은 다듬잇돌 만한 화강암 지댓돌들을 쌓아 올린 기대

基臺 위에 세워진 여덟 칸 겹집이었네. 골이 깊은 기와지붕을 무거운 듯이 이고 있는 전통 한옥의 예스런 멋과는 달리 암키와와 수키와의 구별이 없는 개량 기와로 지붕을 이어 처마 끝이 경쾌한, 시체 생활의 편의를 앞세운 당세풍當世風 한옥이었네. 기역 자형 집의 세로획에 해당하는 남향의 네 칸은 안채이고 가로획에 해당하는 네 칸 중 안채와 겹쳐 맞물리는 구석 칸을 뺀 나머지 세 칸이 사랑채인 셈이었네. 안채와 사랑채를 따로 짓지 않고 한 데 이어 놓은 구조라고 할 것이네. 그렇게 지은 까닭은 내외를 따지는 풍습이 남아 있는 시대여서 사랑채를 두긴 두어야 하는데, 건축비가 더 들기도 하려니와 안채와 사랑채를 오갈 때 신을 신고 땅을 밟아야 하는 번거로움을 덜려는 요량도 있었을 것이네. 그러니 그런 집 모양은 갈수록 편리함만 추구하는 시류에 영합한 집짓기에서 온 것이었다고 할 것이네.

안채의 방들은 고무장지로 칸막이를 한 상하 방이고 맨 아랫목 중방 위엔 바람벽 밖으로 반 평 남짓한 벽장을 달아냈네. 그 방문들은 좌우 두껍닫이 속으로 들어가는 쌍미닫이로 되어 있고 그 바깥쪽 문설주엔 다시 세살창 덧문을 달았네. 그 미닫이 방문은 세로 한 자 반, 가로 한 자쯤 되는 크기의 가운데 칸 창살 안에 유리를 끼우고 그 나머지엔 창호지를 발랐는데 그것을 영창映窓이라고 불렀네. 햇빛과 방 안의 불빛에 따라 낮엔 방 밖에 있는 것들의 그림자가, 밤엔 방 안에 있는 것들의 그림자가 그 문짝에 비치기 때문이라네. 방들의 배치를 보면 맨 윗방이 가운데 방이 되고 그다음이 네 짝 분합문이 달린 대청이며 그 아래로 안방과 건넌방이 나란히 붙어 있었네.

사랑채는 오른쪽 상하 방이 큰사랑이고 왼쪽 상하 방은 마룻바닥으로 된 입식 응접 칸이며 가운데 칸은 양분하여 위쪽은 응접 칸으로 들어가는 현관으로 만들었고 아래쪽은 작은 사랑을 겸한 서재였네. 집 앞쪽 물림 칸의 툇마루는 집이 기역자로 구부러지는 모서리에서 끝나고, 사랑채에는 따로 좁은 툇마루를 놓았네. 그리고 응접 칸 쪽은 난간이 오밀조밀한 헌함軒檻을 툇마루보다 두 계단 높게 니은 자 모양으로 설치했네.

안채와 사랑채가 겹쳐 맞물리는 칸은 앞쪽으로는 가운데 방에서 큰사랑으로 통하는 복도로 되어 있고 뒤쪽으로는 욕실과 변소를 설치했으며, 나머지 공간은 우산, 대야, 빗자루, 물뿌리개 따위를 넣어 두는 수납 장소로 이용했네. 그 변소는 남자 주인이나 내방객이 사용하는 외측外厠인 셈이었네.

툇마루의 가장자리를 받치고 있는 물림기둥들 사이는 툇마루의 밑을 붉은 벽돌들로 고막이를 했는데, 그 고막이들에는 완자형 통풍구를 뚫어 공기가 통하게 해 놓았네. 툇마루의 물림기둥들 사이엔 칸칸이 유리를 끼운 격자 미닫이문 두 짝을 달았네.

그런데 그 문들은 노상 닫혀 있어서, 누구나 와서 툇마루에 걸터 앉을 수 있는 한옥의 열린 멋을 감쇄케 했네. 처마 끝에 둘러친 생철로 만들어 달아 놓은 빗물받이는 전통 한옥과는 의취를 달리한 날렵한 집과 어울려 그런대로 운치가 있어 보이게 했네.

안방과 건넌방 뒤쪽에는 대여섯 평의 부엌을 본채 밖으로 달아냈는데, 건넌방 뒷문을 열고 부엌으로 나가게 되어 있었네. 두 방 사이의 중방 밑으로 너비가 넉 자쯤 되는 찬마루를 부엌 바닥보다 높게 깔았고, 그 맞은편엔 두 단으로 된 시렁을 걸었는데 그 아래엔 구유 모양의 나무로 된 설거지통이 수도꼭지를 올려다보며 누워 있었네. 안방 아궁이의 부뚜막엔 큰 솥과 작은 솥이 나란히 걸렸고 건넌방의 부뚜막엔 중간 크기의 솥 하나만이 걸려 있었네. 안방 부뚜막의 앞벽에 까치발로 고정시켜 놓은 작은 선반 위엔 연기에 그을린 정안수 그릇이 얹혀 있었는데, 그릇 바닥엔 먼지만 쌓여 있었네. 주부들이 이른 새벽에 일어나 정안수 한 그릇을 떠서 거기에 올려놓고 '부엌이 풍성함으로 꽉 차게 해 줍소사'라고 부엌의 신인 조왕신竈王神에게 비손을 했던 풍습도 이젠 시류에 밀려 매몰되고 말아 그처럼 먼지만 뒤집어쓴 채 방치된 것이 아니겠는가.

부엌 뒷벽 위쪽엔 위 아래로 중방을 지르고 그 사이에 네모 난 오리목들을 마름모꼴로 촘촘하게 박아, 부엌의 아궁이 밖으로 내는 연기가 빠져나가게 했네. 날씨가 흐리거나 바람이 불기라도 하면 아궁이에서 때는 불의 열기와 연기가 방고래를 지나 굴뚝으로 빠져나가지 않고 부엌으로 역류하기도 하니까 말이네.

부엌의 당길문을 밀치고 밖으로 나오면 뒷마당이 나타났네. 벽오동과 석류나무와 감나무가 마당 구석에 서 있는 그곳엔 생철로 지붕을 만들어 씌운 우물과 장독대와 곳간채가 있었네. 곳간채는 광 두 칸과 세숫간과 뒷간으로 이뤄졌고, 세숫간 한쪽에는 커다란 철모를 뒤집어 놓은 듯한 무쇠로 된 왜식 욕조가 겉을 양회로 싸 바른 흙더미 속에 묻혀 있었네. 구석의 뒷간은 안식구들이 사용하는 내측內厠인 셈이었네.

......

동네 앞을 가로지르는 행길 아래쪽 길가를 따라 흐르는 개천에 놓인 작은 다리를 건너면 바로 골목 어귀였네. 동네 쪽 개천을 끼고 왼쪽으로 좁은 길이 나 있고 그 길과 개천 사이에는 넓은 띠 모양의 공터가 자리 잡고 있었는데, 그 띠 모양의 길은 최 부잣집 양관인 '독집'의 양식 대문으로 가게 되어 있는 행길에 설치된 콘크리트 다리를 가로 지나 우메모도네 집 앞에서 끝났네. 그 양관의 대문은 여유롭게 다른 집들보다 안으로 들여 지어서 대문 앞이 훨씬 넓었지. 그러나 최 부자는 양관을 비워 뒀으므로 그 대문도 사용하지 않았네.

그 띠 모양의 공터엔 개천 쪽으로 포플러 네 그루가 내가 두 팔을 뻗은 간격으로 높이 솟아 있었네. 봄이면 나는 동무들과 함께 물오른 포플러 가지를 꺾어 버들피리를 만들어 불었네.

골목 오른쪽 첫 번째 집은 대창여관이고 다음 집은 오 영감 집이며 세 번째 집이 여 변호사 집이었네. 왼쪽 공터 아래 첫 번째 집은 반장인 시모조네 일본식 집이고 그다음은 기와를 인 흙 돌담으로 된 최 부잣집의 긴 뒷담이 골목 끄트머리를 지나 우리 집 앞담이 되었다가 위쪽으로 꺾여 돌아갔네. 우리 집으로 오는 골목은 우리 집 사랑채 일각문 앞에서 직각으로 꺾이는데, 열대여섯 걸음쯤 걸어 들어온 막다른 지점에 곳간채의 한 칸을 터서 낸 우리 집 대문이 있었네.

야스다가 숨어 있는 집의 대문은 둘이 있었네. 하나는 오 영감 집 담 모서리와 담쟁이덩굴로 뒤덮인 그 집 앞쪽 벽돌담의 아래쪽 모서리 사이에 벽돌로 문주門柱를 세우고 설치한 나지막한 양식 문으로, 그 문으로 들어가면 외등을 단 사랑채 현관에 다다르게 되네. 송사 때문에 여 변호사를 찾아오는 의뢰인들은 그 현관으로 들락거렸네. 오 영감 집의 옆 담과 그 집 사랑채 사이엔 대문 너비만큼의 뜰이 열 걸음 깊이로 나 있고 담 쪽으

139

론 왜향나무 두 그루가 서 있었네. 그 뜰을 통해 집 뒤란으로 들어가지 못하게 뒤쪽엔 철책이 처져 있었네. 그래서 그 뜰은 장방형의 독립된 공간을 이루고 있었네. 그러나 그 문은 여 변호사가 이사 간 이후로는 언제나 잠겨 있었네.

그 집의 다른 대문은 꺾인 골목과 나란히 서 있는 그 집 행랑채의 맨 끝에 낸 문으로 바로 우리 집 대문 옆에 있었네. 그리고 그즈음에 야스다는 그 문만을 사용했네. 앞쪽 대문을 쓸 일이 없었으니까.

......

나는 그 집의 살짝 열려 있는 대문을 어깨로 밀치고 들어가 안채 섬돌 앞에 한동안 우두커니 서 있었네. 정원에 들어찬 무성한 나무들이 눈부시도록 밝은 아침나절의 햇살을 가로막아 온 집안이 어둑하고 사위에 음울한 기운마저 감돌게 했기 때문이네. 그 나무들은 정원수로는 너무 키가 큰 소나무 전나무 주목들이었네. 정원 한쪽에는 긴 타원형의 두꺼운 잎에 번들번들 윤기가 도는 태산목과 편백나무도 서 있었네. 응접 칸 헌함 앞에 파놓은 작은 못은 물이 말라 바닥이 드러나 있었네.

나는 그 어슴푸레한 박명 속에서 왠지 아늑함을 느꼈네. 나는 눈길을 돌려 거뭇한 땅바닥에 여기 저기 생긴 흰 점들을 응시했네. 그것들은 송곳으로 뚫은 듯한 나뭇잎들 사이의 구멍들을 통해 빛무리를 거느리고 내리꽂힌 가느다란 서너 가닥의 광선이 만들어 낸 것이었네. 나는 '아하' 하고 고개를 끄덕였네. 강렬한 빛일수록 짙은 그림자를 드리운다는 사실을 그제야 깨닫기라도 한 듯이.

정적에 휩싸인 집은 문들이 모두 닫혀 있어서 냉랭하기조차 했네. 나는 서 있은 지 한참 만에 사랑채를 향해 그를 불렀네.

"성 있는가, 나 왔당께."

이윽고 야스다는 부스스한 얼굴로 작은 사랑방 영창문을 열고 얼굴을 내밀면서 내게 들어오라는 손짓을 했네. 내가 방으로 들어가자 그는 삼베 바지에 모시 적삼을 입은 모습으로 나를 맞이했네.

방 안엔 그 위에 이불을 개켜 얹어놓게 돼 있는 고가 낮은 장롱 하나만이 덩그렇게 구석에 놓여 있고, 그가 읽으려고 가져온 열 권 남짓한 두꺼운 책들만이 아랫목에 펴놓은 이부자리의 베개 맡에 들쭉날쭉 아무렇게나 포개져 있었네. 그 이부자리는 그가 그 집에 온 뒤로 밤이나 낮이나 줄곧 깔아 둔 채 한 번도 개킨 적이 없는, 그가 언젠가 말을 했던 것처럼 그의 '만넨도꼬'이고 소굴이었네. 만넨도꼬란 그처럼 개키지 않고 노상 깔아 두는 이불을 가리키는 일본말이라네. 그 곁엔 휴지 나부랭이도 흩어져 있었네.

그는 소제도 하지 않은 어질러진 방으로 나를 불러들인 것이 새삼스럽게 미안했던지 응접 칸으로 자리를 옮기면서 턱으로 그 쪽을 가리켰네. 그곳은 그늘진 방과는 달리 그런대로 환했네. 그곳엔 다른 가구들은 없고 덩치 큰 소파와 안락의자 그리고 넓은 탁자가 놓여 있었네. 아마도 그것들은 여 변호사가 집을 팔고 떠날 때 옮기기가 거추장스러워 헐값에 끼워 팔았거나 거저 준 것인 모양이었네.

야스다는 자기가 먼저 안락의자에 털썩 주저앉으면서 나에게 소파에 앉으라고 손짓으로 권했네. 야스다를 처음 만났을 때 나는 대학생인 그가 국민학교 5년생을 말동무로 환대하는 것에 마음이 뜨아했네. 혼자 있기가 지루해서 심심파적으로 그러는 것이려니 하고 자곡지심이 들기도 했네.

그러나 그는 그런 나의 마음을 아는지 모르는지 나를 만날 때마다 나이 따위는 아랑곳하지 않는다는 듯이, 나이가 자기 또래의 동무라도 되는 듯이 나를 대했네. 그러다 보니 둘이 함께 있을 때는 내 언동이 나도 모르게 어른스러워졌네.

그는 의자에 앉자마자 얼마쯤 흥분된 목소리로 나에게 새로운 소식을 전해줬네.

"나도 어저께사 밤에 몰래 나가 친구들한테서 소문을 들었는디 미국의 B29 중폭격기가 얼마 전에 일본 히로시마와 나가사끼에 신형 폭탄을 투하했단다. 알아 봤더니 그건 원자폭탄이란 것인디 단 한 개의 폭탄으로도 도시 전체를 불바다로 맹글고 무수한 사람들을 죽게 할 만큼 그 위력이 대단하다는 거여. 더구나 폭탄이 터질 때 나오는 방사능이란 것이 폭발에 따른 폭풍 땜에 땅에서 피어오르는 먼지와 함께 하늘 높이 치솟아 올랐다가 멀리 퍼져 간다잖으냐. 그랬다가 비라도 내리면 빗방울에 섞여 땅으로 떨어지는디, 그것이 섞인 비를 맞으면 몸에 아주 해롭단다. 그것을 방사능 낙진이라고 헌다더라. 허기사 엑스선도 몸에 많이 쐬면 해롭다는 건디 방사능은 그보다 훨씬 강도가 높다고 허니께 왜 안 그렇겠느냐. 일본이 그런 폭탄을 두 발이나 맞고도 더 버틸 수 있을랑가 몰라?"

그 말을 들은 나는 마음이 덜컥 내려앉았네. 어제 아침나절 무렵, 비바람을 맞아 쓰러진 버드나무를 늙은 머슴 노샌이 톱으로 잘라 치우는 것을 거드느라고 나도 부슬비를 조금 맞았는데 '그 빗물 속에 방사능 낙진이 섞여 있지나 않았을까'라는 생각이 퍼뜩 머리에 떠올랐기 때문이네. 뒤이어 긴가민가한 두려움이 내 가슴을 두근거리게 했네. 그 두려움을 속으로 삭이자니 자꾸 마음이 쓰여서 그대로 앉아 있을 수가 없었네. 나는 야스다에게 그 폭탄에 대해 몇 마디 물어보다가 심부름을 가야 한다는 핑계를 대고 집으로 돌아오고 말았네.

2

내가 야스다를 처음 만난 것은 여름방학을 앞둔 7월 하순의 어느 비 오는 날이었네. 그 집 대문의 처마 밑에 서서 떨어지는 낙숫물을 물끄러미 바라보고 있던 그가 학교에서 돌아오는 나를 보자 말을 건넸네. 두건이 달린 우의를 입었는데도 아랫도리는 흠씬 젖은 내 몰골이 그의 말문을 열게 했는지도 모르네.

"늬 집이 저 집이냐?"

나는 낯선 그 키다리의 순해 보이는 그 얼굴을 쳐다보고 나서 말없이 머리를 끄덕였네.

그는 이어서 말했네.

"나는 야스다란 사람인디 늬 이름은 뭐냐?"

"내 이름은 가네야마 징끼인디요."

"그럼 저 문패에 적힌 김의완金義完은 늬 아부지냐?"

"아니어라우. 그 분은 내가 여덟 살 때 돌아가신 할아부지 이름이고 아부지 이름은 김상지金尙智인디 시방 타관에 가 계시

구만이라우."

"알았다. 나는 이 집을 봐 주러 와 있는 사람이여. 이 집엔 나 말고 아무도 없응께 아무 때나 놀러와."

"여 변호사네 식구가 시골로 소개를 갔는 갑인디 여 변호사의 부탁을 받고 그러는 건가요."

"아니다. 난 그가 누군지도 몰라야. 일본에서 돌아온 내 매형이 이 집을 샀는디 매형은 다른 집에서 살기 땜세 내가 와서 봐 주고 있당께."

야스다는 싱긋 웃고 나서 먼저 대문 안으로 모습을 감췄네. 나도 집 안으로 들어오면서 '요즘 들어 어쩐지 드나드는 사람이 없고 그 집이 조용하다 했더니, 그렇게 된 것이로구나' 하고 진즉부터 품었던 그 집에 대한 의아심을 풀었네.

나는 젖은 옷을 갈아입으면서 잼처 생각했네. '말동무라면 중학생인 내 형 인학이 더 나을 텐디 야스다가 내 형과 마주친 적이 없었던 모양이제. 언젠가 윤지 당숙이 한 말처럼 사람의 만남은 인연이 닿아야 이뤄지는 것인지도 몰라.'

……

스무 고개의 새파란 나이에 장래에 대한 아무런 기약도 없

145

이 집 안에 갇혀 있어야 하는 신세라면 마음이 답답하고 좀이 쑤셔 우울증에라도 걸릴 만하련만, 그는 도리어 희희낙락했네. 사냥꾼에 쫓기다가 숨을 곳을 찾은 짐승처럼 안도감을 느껴서일까? 훤효한 바깥세상이 넘보지 못하는 적료한 뜨락에서 그와 그의 그림자만이 동거하는 방안에서 젊은이의 나긋한 사색으로 상상의 세계를 한껏 펼치다 보면 '앞으로 나는 어떻게 살아야 하나'라는 사소한 문제 따윈 그 속에 용해되고 말기 때문일까? 그가 나에게 호언했듯이, 문 밖을 나가지 않아도 천하사를 알고 인간사를 헤아릴 수 있는데 굳이 밖에 나갈 필요가 있겠느냐는 그 나름의 오만은 자기에게 닥친 암울한 현실을 사신해서 받아들이려는 그의 적응력에서 나온 것이 아닐까 하고 난 생각했네.

우리 둘이 만나게 된 지 사흘 만에 그는 말했네.

"네가 나와 친해졌기 때문에 하는 말이다만 이제부턴 날 야스다 상이라고 부르지 말어라."

"그러믄 뭐라고 불러야 헌다요?"

"나는 성이 안安가이고 이름은 나갈 진晉자, 클 태泰자 진태여. 본관은 니성尼城이고. 그렁께 안진태라고 불러야 허는디 늬가 날 그렇게 막 부를 수야 있겠느냐. 허니께 진태 성이라고 부르든지 그냥 성이라고 불러라. 우리 조선 사람끼리는 왜놈이 허란 대로 야스다니 가네야마니 하고 불러선 안 된당께."

그러나 학교에선 말할 것도 없고 학교 밖에서 동무들끼리 어울려 놀면서도 서로를 '다마가와'라거나 '아즈마'라거나 '구니모도'로 불러온 타성에 젖어 있던 나인지라 무심결에 그를 야스다 상이라고 불렀다가 그의 눈흘김을 당한 적이 한두 번이 아니었네. 하지만 나나 동무들이 서로 그렇게 불렀던 것은 상대방의 원래 성이 무엇인지 잘 알지 못했기 때문이기도 했네. 우리는 학교에 첫 입학을 했을 때부터 창씨개명한 이름을 썼으니까 말이네.

안진태의 경우는 달랐네. 그는 저들이 우리에게 창씨개명을 강요하기 전에 보통학교와 고등보통학교를 다녔으므로 비록 학교에서 선생이 그를 '안신따이'라고 일본말로 부르긴 했어도 이름을 잃지는 않았다네. 그들이 다닌 학교 이름이 나중에 국민학교와 중학교로 바뀐 후에도.

그런데 그가 대학에 들어가려고 했을 때는 창씨개명을 하지 않으면 입학 시험을 치를 수 없는 시대가 되고 말았다는 것이네. 그는 할 수 없이 이름을 '야스다 신타이'로 고치고 치른 시험에 합격하여 대학에 들어갔는데, 들어가자마자 저들이 이번엔 학병으로 나가라고 등을 떠밀더라는 것이네. 아무리 망국민의 자식으로 태어났기로소니 그런 억울한 일들을 그냥 당하고만 있을 수 없어 '고향으로의 둔주'를 결행했노라고 그는 그 온순한 성격에 걸맞지 않게 분개하면서 나에게 말했네.

......

　나는 안진태가 살아온 식민지 생활 10년이란 세월의 퇴적
위에서 삶을 시작한 탓인지, 그 보다는 세상 물정을 보고 들은
것이 적은 탓인지 왜색에 대한 거부감이 덜했네. 그도 그럴 것이
안진태는 일본말을《일본어》란 이름의 교과서로 배우고《조선어
급한문朝鮮語及漢文》이란 이름의 교과서로 우리말도 배웠으나,
나와 내 동무들은《국어》란 이름으로 일본말을 배우고《조선어
급한문》은 아예 들어보지도 못한 터에 국민학생인 내가 저들이
누구인지를 어떻게 쉽게 알았겠는가.

　다만 어른들로부터 얻어들은 이런저런 얘기들로 저들이
우리를 겁주고 핍박하는 못된 자들이라는 것을 나는 막연하게
느끼고 있었을 뿐이네. 저들은 창씨개명을 하고 학교에 들어간
우리 세대부터 하나의 실험을 했던 것이 아닌가 하네. '조선이란
나무의 중동을 자르고 일본이란 가지를 접붙이기만 하면 황국신
민화라는 일본 열매를 맺게 할 수 있지나 않을까' 하고 말이네.
그러나 그것은 그야말로 터무니없는 환상이었네. 접붙인 일본이
라는 가지는 말라 죽고 그 중동에서 조선이란 새 나무순이 싹터
무럭무럭 자라나는 형국이 나타나게 되었으니 말이네. 안진태는
그 일에 일조하는 선생 노릇을 했네. 나는 그와 만나면서 저들이

우리에게 자행한 수많은 죄악상들을 그의 입을 통해 얻어 들었으니까.

나는 한여름의 보름 남짓한 나날을 거의 하루도 빠짐없이 안진태와 만나 이런저런 얘기들을 했네. 그 얘기들 중엔 은밀하고도 가슴 설레는 것들도 많았네. 어느 날 그는 나와 만나자마자 대뜸 말했네.

"너도 들어서 알고 있을 거다만, '기가 차고 메가 차고 순사는 칼을 차고 전중이는 쇠고랑을 차고 동냥치는 주전자를 차고'라는 장타령 말이다. 그런디 머리에 용수를 쓴 그 전중이가 누구냐 하면 일본 경찰이 '후데이 센징'이라고 말하는 우리 독립 운동가랑께. 전중이는 죄수를 이르는 말이여. 아 우리 독립지사가 왜놈 순사헌티 잡혀서 가막소로 끌려가니, 기가 차고 오장이 끓어올라 묵은 밥이 목구녁으로 차오르지 않겠느냐."

그는 또 말했네.

"나도 어른들헌티 들은 얘기인디 한말의 의병대장 기삼연 奇參衍을 왜놈들이 어떻게 했는지 너 아냐? 기 대장이 고창, 영광 등지에서 왜군을 무찌르자 왜놈들은 눈에 불을 켜고 기 대장을 추격하여 담양 추월산에서 그를 붙잡았단다. 그리고 그를 광주로 데려와 화지게를 지워 큰 길거리로 조리돌리다가 귀정龜町 장터로 끌고가 참살했단다. 지금은 그 장터가 천정泉町으로 옮겨졌다만."

나는 말했네.

"아 그 귀정 장터요? 내가 2학년 때 시가행진을 하면서 그 앞을 지나갔는디 그곳에서 그런 끔찍한 일이 저질러졌는지 그땐 까맣게 몰랐당께요. 근디 화지게가 무엇이당가요?"

"응 그건 말이다. 등 뒤에 굵은 말뚝을 대고 두 팔을 그 뒤로 돌려 오랏줄로 묶는 것이여."

안진태는 이어서 말했네.

"근디 기 대장이 의병을 일으킬 수 있었던 것은 광주 감영의 관리 최상진崔相鎭이 남몰래 그를 도왔기 때문이라는 거여. 최상진이 거사 자금을 모아다 줬던 모양이제. 그는 나중에 광주가 면에서 읍으로 승격하자 초대 읍장이 되었고 내 모교인 광주 고보를 설립할 당시에는 광주의 유지로서 학교 설립을 주도했단다. 내가 고보에 댕길 때만 해도 그의 사진이 교무실 출입문 위에 걸려 있었당께. 학교 설립의 공로자라 해서 그런 것 아니겠냐."

그는 또 말했네.

"야 인귀야. 나도 여수 사람헌티서 들은 얘긴디 옛날 전라 좌수영이 있었던 여수의 좌수영 앞바다 깊은 곳에 거북선이 가라앉아 있다고 허드라."

"거북선이 뭐다요?"

"우리가 4백 년 전 왜놈들과 싸운 임진왜란 때 이순신 장군이 맹근 거북이 모양의 철갑선이라제 아마. 이순신 장군은 그 배로 수많은 왜적 수군들을 다 쳐부쉈다는 거여. 그 땜에 임진란 땐 왜적이 전라도 쪽으로는 얼씬도 못했다는 것이여. 이순신 장군은 전라도가 곡창지대인데다가 각 고을마다 자기 고장을 지키려는 강개慷慨한 의로운 선비들이 많은 데 감탄하여 '약무호남 시무국가若無湖南 是無國家'라는 유명한 말도 남겼단다. 그 뜻은 말이다 '호남이 없었으면 나라도 없었을 것'이란다."

"그래라우. 그런디 배가 거북처럼 생겼다니 참 요상한 배도 다 있소잉. 그 거북선을 이제라도 건져 올리면 좋을 턴디."

"왜놈들이 건져 올리게 가만 놔두겄냐. 자기네 부끄러운 과거가 드러날 판인디. 그리고 거북선이 바다에 가라앉았다고 허드라도 그 넓은 바다 속에서 찾아내기가 어디 쉽겄냐?"

그는 나에게 '시방 만주에서는 항일투사 김일성 장군이 왜군을 보는 족족 때려잡고 있다'고도 말했네. '백두산 호랑이'라는 별명이 붙은 김일성 장군은 성성한 백발을 휘날리며 말을 타고 동에서 번쩍 서에서 번쩍 어찌나 신출귀몰하는지 '왜군들이 간담이 서늘해져서 변변히 대거리도 못헌다더라'라고도 말했네. 나는 학교 동무들한테서도 김일성에 관한 얘기는 들은 적이 있어, 머리를 끄덕이기만 했네.

151

안진태와 나는 그런 얘기들을 적기 공습에 대비하여 등화관제를 한답시고 검은 판지로 만든, 내리고 올릴 수 있는 긴 주름통이 달린 전등갓의 주름통을 내린 전등의 30촉짜리 전구가 그 희미한 불빛으로 바닥에 동그라미를 그리는 방 안에서, 차라리 캄캄한 마당 바닥에 나 앉아 조잘거렸네. 안진태는 나에게 말한다기보다는 자기 자신에게 중얼거리는 것 같았네.

"너희는 무엇이 그리도 두려워 날마다 밤마다 공습 예비 경보를 발령하고 등화관제가 잘 이행되는가를 동네 경방단원警防團員들을 동원하여 점검하게 하느냐고. 그동안에 공습을 당한 일이 한 차례나 있었냐고? 신경과민이 아니냐고?"

그는 하하 웃으면서 말을 이어갔네.

"말을 한 김에 너헌티 한마디만 더 헐까? 너는 나이는 어려도 말귀는 잘 알아들으니까. 내가 한 말을 들으면 저들이 얼마나 넋이 빠져 있는지 알 거다. 저들이 적기의 독가스 살포에 대비해야 헌다면서 시중에 내놓은 방독면을 사서 비치하게 한 것은 너도 알지 않느냐. 그런디 식구가 대여섯 명이나 되는 가정이라도 방독면을 하나만 사서 비치하면 된다는 식이니 그런 말도 안 되는 대책이 어디 있느냐? 방독면을 차지한 식구만 살고 나머지 식구는 다 죽어도 좋단 말이냐? 그런 눈 가리고 아웅 하는 식의 대책을 믿으란 말이냐?"

그는 혀를 끌끌 찼네. 그야말로 일제의 전시 행정의 표본이라고.

......

안진태는 또 나에게 그의 5년 후배 허양許陽의 얘기를 들려줬네. 허양은 이른바 '과목불망過目不忘' 하고 '일람첩해一覽輒解' 하는 수재라고 말이네. 한 번 보고 들은 것은 잊지 않고 또 한 번 들으면 바로 이해한다는 뜻이라네. 당시엔 중학교가 6년제였는데 허양이 전과목 만점의 수석 합격자란 소문이 나자 졸업을 앞둔 안진태는 호기심이 생겨 그를 만나보고 나서 감탄했다는 것이네. 그래서 그는 허양과 '나이를 잊은 사귐' 곧 망년지교忘年之交를 맺게 되었다는 것이네. 그렇게 보면 나와의 사귐은 더욱 나이를 잊은 사귐이 아니겠는가. 안진태는 '고향으로의 둔주' 이후로 대학 진학을 포기했으므로 말이 통하는 허양이 단골 말벗이었다네.

안진태는 나에게 말했네.

"나도 들은 말이다만 그의 별명이 뭐였는지 아냐? '노또 나시'였당께. 그는 도통 공책이란 걸 갖고 다니지 않았응께. 다른 친구들은 수업시간에 선생이 칠판에 적는 내용을 공책에 베

153

껴 적느라고 부지런히 펜대를 놀리고 있을 때 그는 교과서를 뒤적이거나 소설 따위를 가방에서 꺼내 몰래 읽곤 했다는 거야. 선생에게 들켜 야단을 맞기도 했지만 말여."

그는 출석부 번호와 이름을 적은 빈 노트 한 권만을 가방에 넣고 다녔는데 선생들이 노트 검사를 할 때면 태연스런 얼굴로 그 빈 노트를 선생에게 내밀었다는 것이야. 한 번이라도 숙제를 해 오지 않은 전력이 있는 학생들을 '전과자'라고 불렀던 까다롭기로 유명한 대수 선생은 한 달이면 두 차례씩 노트 검사를 했지만, 허양에게는 그 검사를 면제해 줬다는 것이네. 그럴 것이 시험 성적이 그 학년에서 언제나 가장 뛰어났고, 선생이 네 단계를 거쳐 푼 어려운 방정식을 그는 두 단계 만에 풀어 선생을 무안하게 한 적도 있었다니까. 영어도 선생이 모호하게 해석한 대목을 그가 명확하게 해석하여 동급생들로 하여금 머리를 끄덕이게 한 적도 여러 번 있었다는 것이네.

한문 선생이 주희의 〈권학시〉를 가르치면서 그 셋째 구인 '미교지당춘초몽未覺池塘春草夢'의 '미교'를 '미각'이라고 읽자 그는 그 잘못을 지적하기도 했다는 것이네. '각'이라고 읽으면 '깨닫는다'는 뜻이 되고 '교'라고 읽어야 '꿈에서 깬다'는 뜻이 된다고 말이네.

《조선어급한문》 교과서에 올라 있는 〈백결선생전〉의 '의백

154

결衣百結 약현순 若懸鶉'이란 대목을 선생은 '백번이나 꿰맨 옷을 입으니 마치 메추리를 매단 것 같다'라고 해석했는데, 그는 그 것도 맞지 않는 해석이라고 이의를 제기했다는 것이네. '백결'이 란 백번 꿰맨 것이 아니라 백번 묶었다는 말이라고. '결結'이 '묶 는다'는 뜻의 말일뿐더러 가난한 집에 당시로선 귀한 물건인 바 늘이 있을 리 없다고. 그것은 옷의 해진 데를 손으로 거머쥐고 끈으로 묶어서 그것이 마치 메추리를 주렁주렁 매단 듯이 보이 는 것을 표현한 말이라고. 그리고 '백결현순'이란 말은 소동파의 '박박주薄薄酒'란 시에도 나와 있다고 말했다는 것이네.

그는 저들이 이런 글을 학교에서 가르치게 한 것은 '조선 사람은 백결 선생처럼 가난하게 살아야 한다'는 생각을 청소년 들에게 심어 주려는 저들의 저의를 드러낸 것이라고 흥분하기도 했다는 것이네.

그런데 안진태가 그의 자형이 사들인 땅에 사과밭을 조성 하는 일로 구례군 토지면에 가 있다가 두 달 만에 돌아왔더니 허 양이 보이지 않더라는 것이네. 허양이 그의 눈앞에서 사라진 것 은 그가 여름방학 동안에 다른 학교로 전학했기 때문이었다네. 안진태는 허양을 만나지 못하게 된 것이 못내 아쉬워 수소문해 봤더니, 허양의 아버지는 도청 상공과 계장이었는데 갑자기 평 북 구장球場에 있는 관영 석탄광업소의 과장으로 전근하게 되어 그도 가족들과 함께 아버지를 따라갔다는 것이네. 왜 그의 아버지가 연고도 없는 먼 고장으로 발령받게 되었는지 안진태로선 그 사정까지는 알아내지 못했다고 하데.

한 달쯤 뒤에 안진태는 허양으로부터 엽서 한 장을 받았다고 하더라고. 그 내용은 종유동으로 유명한 동룡굴蝀龍窟이 구장 가까이에 있어 그곳을 구경했다는 것과 구장은 시골이라 중학교가 없어 그는 평양으로 가서 하숙하면서 평양중학교에 다니고 있다는 것이었다네.

나중에 알려진 일이지만, 해방이 되기 직전에 공교롭게도 그의 아버지는 탄광사업소 일로 경성으로 출장 나왔는데 곧바로 해방이 되어 일을 보지 못하고 지체하다가 구장에 있는 가족을 데려오기 위해 평양으로 가려고 했을 땐 38선에 막혀 그 이북으로 올라가지 못하게 되었다는 것이네. 허양의 아버지는 그처럼 아내와 두 아들과 딸을 38선 이북에 남겨 둔 이산가족이 되고 말았다네. 그리고 이북에 남게 된 허양은 6·25사변이 터지자 인민군에 징집되어 낙동강 전선까지 남하했으나, 한국군이 처음으로 인민군에게 승리한 전투로 유명해진 다부동多富洞 격전에서 그만 전사하고 말았다는 후문만이 전설처럼 그의 친구들 사이에 나돌았다네.

......

　나는 담임 선생의 강요로 신사 참배를 하게 된 것을 뒤늦게야 안진태에게 말했네. 3학년 때의 담임 선생 요꼬다니는 날마다 첫 시간 수업을 시작하기 전에 그날 신사에 가서 일부인이 찍힌 고무도장을 받아 왔는가를 검사했으므로 나나 동무들이 신사참배를 하지 않을 수 없었다고 말이네. 그 전말을 얘기하면 이렇다네. 나와 내 동무들은 선생의 지시에 따라 새벽 다섯 시면 일어나 빗자루를 들고 광주 신사로 가서 그 앞 광장을 깨끗이 쓸었네. 그러고 나서 신사 참배를 했네. 그 신사는 중간에 넓은 층계참이 두 군데나 있고 그 사이에 이른바 '도리이'가 세워져 있는데 아래쪽의 경사도가 완만한 화강암으로 된 계단을 오르면 다시 높고 가파른 계단이 나타났네. 그 계단을 오르면 많은 사람들이 열을 지어 절을 할 수 있는 광장에 들어서게 되는데, 그 앞쪽에 배전拜殿이 있고 뒤쪽에 본전本殿이 있었네. 그리고 그 옆쪽엔 신사 사무실 건물이 있었으며 그 건물 앞에 참배객들이 입을 헹구고 손을 씻을 수 있도록 여러 개의 수도꼭지에서 물이 흘러내리는 큰 원형 수반이 설치돼 있었네. 수반 옆 현가懸架에는 그 물을 받아 그렇게 할 수 있도록 대나무로 만든 자루가 달린 물뜨개들이 여러 개 걸려 있었네.

나와 동무들은 다른 참배객들과 그 배전 앞에 서서 머리를 깊숙이 숙여 절을 하는 이른바 최경례最敬禮를 하고 두 손을 가슴 앞에 합장했다가 두 번 손뼉을 쳤네. 그러나 우리가 친 손뼉은 건성일 때가 많고 장난기 섞어 치는 시늉만 내기도 했네. 하지만 날마다 새벽에 일어나 신사에 가다 보니 나중엔 습관이 되어 그 시간이 되면 눈이 저절로 떠졌네. 습관이란 그 일이 옳은지 그른지를 헤아리지 않고 계속하게 만드는 괴물일레.

나는 일부인 도장첩을 만들어 가지고 다니면서 신사에서 찍어 주는 고무도장을 받았는데, 수십 장의 도장첩에 일부인이 잔뜩 찍힌 것을 보았을 때는 그런대로 마음이 흐뭇했네. 어느 날 내가 그 도장첩을 들고 신사 앞 광장까지 내려왔을 때 낯모르는 덩치 큰 소년이 내게로 다가와 그것을 보자고 했네. 나는 그의 말을 거역할 수 없어 도장첩을 그에게 내줬네. 그러자 그는 그것을 자기 바지 주머니에 쑤셔 넣고 줄행랑을 쳤네.

그런 일이 있고 나서 나는 신사 참배에 흥미를 잃었네. 4학년 때는 담임 선생이 조선 사람이어서인지 도장 검사를 하지 않았으므로 그 뒤로 나는 신사 참배를 하지 않았네.

3

내가 안진태와 만나게 된 지 열흘쯤 지났을 때 그는 나에게 심부름을 시켰네. 자기 집에 가서 그가 가름해서 입을 여름옷 몇 벌을 가져다 달라는 것이었네. 내가 그의 어머니로부터 받은 보자기에 싼 옷 보따리를 들고 우리 집 앞 행길에 이르렀을 때 일본 군인 한 사람이 말을 타고 천천히 그 길을 지나가고 있었네.

그는 어깨띠가 있는 패도용佩刀用 요대에 가죽으로 칼집을 싼 군도를 차고 있었는데 그 요대에 연결된 안쪽에 붉은 융단을 댄 두 자쯤 되는, 말을 탈 때 군도를 아래로 늘어뜨리는 데 사용하는 좁은 가죽띠의 걸고리를 끌러 군도를 밑으로 내렸으므로 말이 걸음을 옮길 때마다 그것이 말의 옆 배에 부딪쳐 철커덕거렸네.

수염을 기른 그 군인의 군복 양쪽 깃에 붙은 계급장은 금 모올 바탕에 금실로 별 두 개를 수놓은 것이었네. 그것은 일본 육군 중장의 계급장이었네. 나는 계급장이 그려진 딱지로 딱지치기를 많이 했으므로 금방 그것이 육군 중장의 계급장이라는 것을 알아봤네. 그리고 일본군에선 중장이 사단장을 맡는다는 것도 알고 있었네.

나는 안진태에게 그 옷 보따리를 드밀면서 예전엔 보지 못했던 일본군 중장을 봤다고 말했네. 그러자 그는 말했네.

"일본군 1개 사단이 만주에서 후퇴하여 광주로 이동해 왔다는 소문은 들었는디, 늬가 본 사람이 그 사단장인 갑다. 그들이 광주에 주둔하려고 온 것은 아닐 테고 전황상 즈그덜 본토로 철수하는 모양인디 그 경로를 이쪽으로 잡은 것이 아니겄냐. 수송선 편이 마련되는 대로 떠나겄제. 그 수송선이야 목포 아니면 여수에 델 것이고."

나는 그 말을 듣고 '저들이 노상 선전해 온 대로 정말로 본토 결전을 하기 위해 병력을 자기네 땅으로 불러들이는 것일까'라고 생각했네. 저들은 전황이 불리해져 미군이 일본에 상륙하면 1억 국민이 죽창을 들고 나가 싸워서라도 그들을 물리치겠다고 시퍼렇게 큰 소리를 쳐 왔기 때문이네.

나는 아직도 기억하고 있네. 후지산 꼭대기에 설치한 거대한 확대경으로 태양의 빛을 초점에 모아 태평양 너머 미국의 도시들을 불태우는 만화를 실은 시사주간지를 얻어 보고 황당하게 여겼던 것을.

원래 체격이 크고 털 많은 양인을 '게또毛唐'라고 부르면서 두려워했던 그들이 언제부터 저들을 만만하게 보기 시작했던 것일까? 미국의 페리가 저들이 '구로후네'라고 불렀던 시커먼 군함 4척을 이끌고 와서 개항을 강요했을 때, 저들은 "태평의 잠을 깨우는 증기선. 고작 네 척뿐인데도 밤잠을 이루지 못하네"라고 대경실색하면서 어찌할 바를 몰랐다네. 그런 일본이 개항한 뒤엔 걸신들린 듯이 서양 문물을 받아들였고, 이른바 명치유신을 하고 나서 서양식 군대도 창설했다네. 그리고 첫 번째로 치른 국제전쟁이 청일전쟁이었네. 그 전쟁은 갑오년에 일어난 우리나라 농민전쟁을 빌미로 일본군이 우리나라에 무단 상륙하여, 무능한 조정이 농민군을 제압한답시고 불러들인 청군과 이 강토를 전쟁터로 삼아 싸운 전쟁이었네. 일본군은 평양에서 벌어진 육전에서도, 황해의 아산만 앞 바다에서 벌어진 해전에서도 청군을 쉽게 이겼네.

그로부터 10년 뒤에 저들은 러일전쟁을 일으켜, 서양의 강대국 러시아마저 패퇴시킴으로써 서양에 대한 두려움을 털어 냈던 것이나 아닌가 하네. 저들은 러시아에 이긴 여세를 몰아 우리 조선의 국권을 강탈했고, 그제는 서양 열강과 어깨를 겯고 그들에게서 배운 수법으로 자기보다 약해 뵈는 것들을 침략의 발톱으로 할퀴기 시작했네.

그것이 제1차 세계대전의 막판 참전이고 만주사변이며 지나사변 곧 중일전쟁이었네. 저들은 이제는 중국이 세계의 한가운데 있는 것도 아닌데 그렇게 부르는 것은 어불성설이라며, 한사코 지나支那라고 불렀다네. 패전 뒤엔 어쩔 수 없이 중국이라고 부르게 되었지만. 이제나 저제나 양인들은 중국을 '시나'나 '차이나'라고 부르지 않는가.

그리고 맞닥뜨린 상대는 미국이었고 미국과의 개전이었네. 저들은 첫 번째 국제전쟁을 일으킨 지 불과 45년 만에 세계 최강의 군사력을 지닌 미국을 상대로 이판사판의 '가미까제' 특공을 감행했던 것이네. 본토에서의 '죽창 결전'을 각오했던 것이네.

내가 국민학교에 입학한 해에 시작된 그 전쟁은 5학년 때 막을 내렸으니까 거의 5년이 걸렸네. 청나라를 상대한 첫 국제전쟁부터 패망으로 끝난 마지막 전쟁까지를 합치면 그 기간이 꼭 50년이네. 그러고 보면 그 햇수는 짧은 기간이라고 할 것이네. 한 사람이 사는 동안에 넉넉히 겪을 수 있는 시간이기 때문이네.

그러고 보면 제국주의는 그 본질이 남을 침략하지 않으면 유지되지 못하는 것임을 알게 되네. 그러나 모든 것들은 언제나 한결같을 수 없는 것이 세상 이치가 아닌가. 그러니 침략과 전쟁에도 끝장은 있게 마련이네.

8월 14일, 라디오에서 내일 정오에 일왕의 중대한 '옥음玉音' 방송이 있을 것이란 예고가 흘러 나왔네. 그 방송을 들은 사람들 사이에선 설렘의 물결이 한바탕 일었네. 길거리에 나온 사람들은 그 내용이 무엇이겠느냐며 끼리끼리 머리를 맞대고 수군

거리기도 했네. 나도 그 중대 방송이 무엇일까 궁금해져서 안진 태에게 물어보았네. 그는 대답했네.

"아마도 연합군에게 항복한다는 것이겠지. 내가 보기에도 왜놈이 더는 버틸 힘이 없는 것 같당께. 아무튼 내일 방송을 들 어 보잤구나."

나는 우리 집에도 라디오가 있었지만, 이튿날 아침밥을 먹 은 뒤에 옆집으로 가서 그와 함께 라디오 앞에 쭈그리고 앉았네. 정오 시보가 울리고 나자 라디오에선 신음하는 듯한 강파르고 새된 목소리가 흘러나왔네. 나는 대원수복이라는 군복을 입고 백마를 탄 안경잡이 일왕 히로히또의 모습은 사진이나 뉴스 영 화에서 여러 차례 보았으나 그 목소리는 처음 들었네. 그는 대중 연설을 한 적이 없었으므로 나뿐만 아니라 그 누구도 듣지 못했 을 것이네. 그의 측근이나 각료들 이외에는 말이네. 그 방송 내 용은 이러했네.

징 후까구 세까이노 다이세이또 데이꼬꾸노 겐조또니 강 가미 히조오노 소찌오 못떼 지교꾸오 슈슈세무또 홋시 고 꼬니 주우료따루 난지 신민니 쓰구, 징와 데이꼬꾸 세이후 오 시데 베이 에이 시 소 욘 꼬꾸니 다이시 소노 교오도 센 겐오 주우따꾸스루 무네 쓰으고꾸 세시메따리. 소모소모

163

데이고꾸 신민노 고오네이오 하까리 반보오 고오에이노
다노시미오 도모니 스루와 고오소 고오소노 유이한니 시
데 징노 겐겐 오까사루 도꼬로, 사끼니 베이 에이 니 고꾸
니 센센세루 유엔모 마다 지쓰니 데이고꾸노 지손또 도오
아노 안떼이또오 쇼끼스루니 데데, 다고꾸노 안떼이또오
쇼끼 스루니 데데 다꼬꾸노 슈겐오 하이시 료오도오오 오
까스가 고또끼와 모도요리 징가 고꼬로사시니 아라즈……

우리말로 옮기면 이렇네.

짐朕은 깊이 세계의 대세와 제국의 현상을 거울 삼아 비상
한 조치로써 시국을 수습하기를 바라기에 여기에 충량한
너희 신민에게 고하노라. 짐은 제국 정부로 하여금 미·영·
지·소 네 나라에 대해 그 공동선언을 수락할 뜻을 통고케
했노라. 대저 제국 신민의 강녕을 도모하고 만방 공영의 즐
거움을 함께하는 것은 황조황종皇祖皇宗의 유범遺範이며 짐
이 가슴에 품어 놓지 않는 것인 바, 지난날 미·영 두 나라
에 전쟁을 선언한 까닭도 또한 실로 제국의 자존과 동아의
안전을 성취하기 위함이며, 타국의 주권을 배제하고 영토
를 침략하는 것 등은 본래부터 짐의 뜻이 아니었노라…….

안진태는 일왕이 그 정부로 하여금 미국·영국·지나·소련 4개국의 공동선언을 수락케 했다는 대목을 듣자 자리에서 벌떡 일어나 외쳤네.

"일본이 항복했다. 미국 등 네 나라에 마침내 항복했다. 이제 조선은 해방이다."

나는 고개를 갸우뚱하며 물었네.

"네 나라 공동선언을 받아들이는 것이 어째서 항복이당가요?"

"그 네 나라는 일본의 교전 상대다. 그렇게 그 공동선언은 자세한 건 모르겠다만 일본에 대한 요구를 담은 것 아니겠냐. 그런디 그걸 받아들인다고 했으니 항복이 아니고 뭐겠냐."

나중에 알게 됐지만 그 공동선언은 포츠담선언이었네.

안진태는 그 방송을 다 듣고 나서 어이없어 했네. 방송 말미에 일본과 함께 동아시아 해방에 협력해 온 여러 나라들에 유감을 표한다는 둥 신주神州 일본의 불멸을 확신한다는 둥 희떠운 소리를 잔뜩 늘어놓았기 때문이네.

그는 응접 칸의 탁자 위에 쌓여 있는 백여 권이나 되는 '이와나미 문고'의 문고본 책들 가운데 몇 권을 빼서 나에게 선물로 줬네. 그 책들은 그의 자형이 일본에서 나오면서 사왔는데, 그가 보려고 그 집에 갖다 놓은 책들이었네. 나는 그렇지 않아도 그것들 중 몇 권을 골라 갖고 싶어 했던 터라, 내가 책들을 고르지는 못했지만 무척 고맙게 생각했네. 그리고 그 책들은 지금도 갖고 있네.

　안진태는 흥분을 가라앉히지 못하고 이런저런 얘기로 나와의 마지막 만남을 아쉬워 하다가 그날 해거름에 자기 본집으로 돌아갔네.

解放前夜

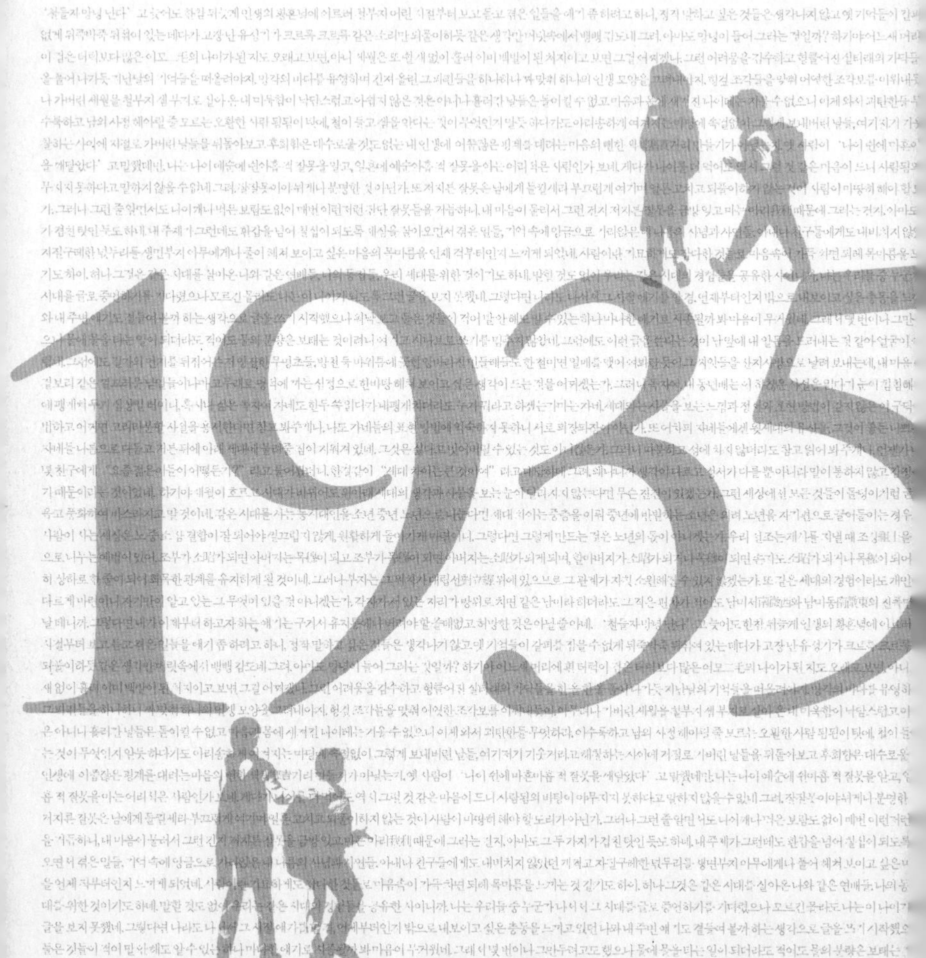
1935

06
·
골육상잔骨肉相殘의 장章

사람들은 한동안 해방의 기쁨에 들떠 있었네. 당장이라도 우리가 스스로 독립을 이룩할 것처럼 생각했네. 그러나 그 기쁨은 일제라는 질곡에서 벗어나자 오랫동안 억눌려 왔던 사람들의 욕망의 분출로 세상이 혼탁해지면서 상호간 반목과 충돌로 바뀌었네. 어제까지 우군이 되어 함께 싸웠던 미·소가 오늘은 언제 그랬느냐는 듯이 서로 적대하면서 그들의 군대를 이 땅에 진주시킨 냉혹한 현실은 우리가 열망한 독립이 성급한 바람임을 깨닫게 했네.

무엇보다도 미·소 두 나라가 우리나라를 두 동강 내 남북을 단절시킨 아픔과 불편을 우리는 견뎌야 했네. 우리나라를 남북으로 가른 그 38도선은 동네의 한복판을 지나기도 하고 우리가 사는 집과 날마다 들락거려야 할 장독대 사이를 지나기도 했네. 그야말로 인정사정없는 처사가 아닌가. 남의 집으로 마구 들어온 무지막지한 두 거한이 벌인 힘겨루기 놀음에 그동안 야차 같은 이웃에게 고혈을 빨려 피골이 상접해진 집주인의 복장이 터진 꼴이었네. 왜 그 두 나라는 그들의 적인 일본을 분할 점령하지 않고 애꿎은 우리나라를 분할했더란 말인가. 왜 우리 어른들은 못나게도 그들의 그런 처사에 항의 한마디 제대로 못하고 그들을 영합하는 데만 급급했더란 말인가.

나는 해방 후 그처럼 깨끗한 체 이것저것 불고 닦으며 옷매무세도 가신스럽게 챙기던 일인들이 어깨가 처진 구지레한 행색으로 남부여대하고 자기네 나라로 떠나는 것을 보고 세상이 바뀌었음을 실감했네.

나는 광주에 진주한 미군들의 차량을 보고 그 철판으로 만든 것 같은 단단하고 우악스런 생김새에 몹시 놀랐네. 이제까지 보아 온 일본군 차량들은 양철로 만들기라도 한 듯 가볍고 얄팍했기 때문이네.

9월 초에 학교에 나갔더니 일인 선생들은 보이지 않았고 원래 있었던 선생들과 함께 낯선 선생들도 새로 부임한 듯 여러 명 나와 있었네. 새로 부임한 선생들 중엔 옹학조甕學祚 선생이 있었네. 그는 내가 새로 배치 받은 5학년 4반의 담임 선생이 되었네. 일제 때 조組라고 불렸던 명칭은 해방 후 곧바로 반으로 바뀌었네.

첫 수업 시간에 옹학조 선생은 출석부의 이름을 부르면서 창씨개명한 이름을 원래 이름으로 환원해서 불렀네. 창씨개명한 이름에 원명이 고스란히 들어 있어 환원하기 쉬웠기 때문이네. 출석부에 한자로 김산인귀라고 적혀 있는 내 이름을 김인귀라고 부르면 그만이었으니까. 그러나 더러 아오마쓰처럼 출석부의 이름으로는 가늠할 수 없는 이름이 있을 때에는 그 학생에게 물어서 출석부의 이름을 고쳤네. 나나 동무들은 이제까지 선생이 이름을 부를 때면 '하이'라고 대답하다가 갑자기 '예'라고 하자니 어쩐지 쑥스러워, 대답을 하고 나서 웃음을 터뜨렸네.

우리는 맨 먼저 우리 글을 배워야 했으므로 며칠 만에 가갸 거겨에서 후휴흐히까지 속성으로 한글을 깨우치도록 공부했네. 그때 우리는 이런 동요도 배웠네.

가갸 가다가 거겨 거랑에서
고교 고기 잡아 구규 구워서
나냐 나하고 너녀 너하고
노뇨 노나 먹자

옹학조 선생은 고수머리에 얼굴이 잘생긴 열혈청년이었네. 그는 우리에게 열성을 다해 공부를 가르쳤으므로 우리 학생들은 그를 좋아하고 따랐네. 옹 선생은 어느 날 우리에게 햄릿 얘기를 해 줬네.

"왕자 햄릿은 죽은 부왕이 뜬금없이 유령이 되어 나타나 자기가 타살되었음을 암시하자, 그 범인을 밝혀 내려고 거짓으로 미치광이인 체 행동하면서 연극을 꾸몄단다. 게다가 그의 어머니가 아버지가 죽자 왕이 된 남편의 동생 곧 그의 숙부와 함께 사는 것을 보고 상심한 그는 범인을 꼭 잡아 내겠다고 마음을 다잡아먹으면서 말이다. 햄릿은 유랑극단 단원들을 궁정으로 불러들여, 악한이 정원에서 낮잠을 자는 왕에게 몰래 다가가 그의 귀에 독액을 흘려 넣는 장면을 연출하게 했단다. 그러자 그 연극을 보러 나왔던 숙부는 당황해 하면서 자리를 떴다는 것이다. 그래서 햄릿은 그의 부왕을 죽인 범인이 누군지를 알았고, 결국 범인인 숙부를 칼로 찔러 죽이고 자기도 죽었단다."

나는 그 얘기를 듣고, 악독한 아내가 샛서방과 함께 잠자는 본남편의 정수리 숫구멍에 대못을 박아 죽이고 상투를 틀어 올려 감쪽같이 남들을 속였다는 예전에 들었던 얘기를 머리에 떠올렸네.

그런데 옹 선생은 뭣 때문에 소년이면 충격을 받을 만한 그런 얘기를 우리들에게 해 줬는지 지금도 알 수 없네. 세상이란 가족조차도 그처럼 비정한 짓을 할 수 있는 곳이란 것을 알려 주기 위해서였을까? 우리 반 학생들은 그 뒤부터 옹 선생을 햄릿 선생이라고 불렀네.

그해 겨울, 이른바 '막부莫府 3상회의'가 열렸네. 막부는 모스크바를 줄인 말이네. 미 국무장관, 소련 외상 그리고 영국 외상이 회동한 그 회의에선 미·소·영·중 네 나라가 앞으로 5년간 조선을 신탁통치 한다는 결정을 내렸다네. 그리고 그렇게 해야 한다고 앞장서서 주장한 나라는 미국이었다네. 조선의 신탁통치가 미국에 유리하다고 보았기 때문일 것이네.

그 결정은 그렇지 않아도 해결해야 할 많은 문제를 두고 너도 나도 자기 주장을 내세우느라 옥신각신 시끄러웠던 해방 공간에 큰 소용돌이를 일으켰네. 그런데 남조선에 군대를 진주시킨 미국을 등에 업고 그 힘을 빌려 기세를 올렸던 우익 세력이 되레 신탁통치를 반대하여 떨쳐 일어났고, 미국을 경계했던 좌익 세력이 미국의 주장을 지지하고 나서서 서로 '찬탁이다' '반탁이다'라고 격렬하게 싸웠기 때문이네.

그러자 미국은 자기네를 지지하는 세력을 잃을까 봐 두려웠던지 갑자기 태도를 돌변하여 반탁을 외친 우익 편에 섰네. 그리고 자기네는 조선을 단시일 안에 독립시켜 주려고 하는데, 소련이 자꾸 신탁통치를 주장한다면서, 그 일이 뒤틀리게 된 이유를 소련에 뒤집어 씌웠다는 것이네. 미군정 아래서 찬탁을 주장했던 세력은 그들의 탄압을 받아 결국 지하로 숨어들었네. 자기 신념에 따라 해방된 조국을 위해 일해 보려던 찬탁 세력은 된서리를 맞은 꼴이 되고 말았네.

함렛 선생은 우리 학생들 앞에서 마치 함렛이 무대 위에서 고뇌에 찬 표정으로 자기 심정을 독백이라도 하듯이, 그러나 차분한 목소리로 말했네.

"물론 우리는 하루라도 빨리 자주 독립을 이뤄 내야 한다. 외국의 신탁통치를 받는다는 것은 달가운 일이 아닐 뿐더러 자존심이 상하는 일이다. 허나 우리나라엔 지금 당장 독립국가를 발족시킬 역량이 부족하다. 더구나 민족이 남북으로 갈려 있는 판국에 사상과 이념이 다른 양쪽 당사자 사이의 이견 조절도 없이 통일된 조국을 세우기란 어렵다. 자칫하다가는 38선을 사이에 두고 각각 다른 두 나라를 세우기 십상이니 그 얼마나 원통한 일이냐? 그건 압박과 설움에서 해방된 조국에 큰 죄악을 짓는 짓이다."

함렛 선생은 이런 말도 했네.

"엉큼한 두 이웃이 한쪽은 형을 위하는 척, 다른 한쪽은 동생을 위하는 척 그럴듯한 말로 형제를 갈라 놓고 서로 싸우도록 이간질하는데도 형제가 그걸 모르거나 알면서도 그 이간질에 놀아난다면 그 얼마나 어리석은 짓이냐. 형제라도 싸우다 보면 감정이 격해져서 사생결단을 하려 든다. 그처럼 형제가 싸우느라 넋을 놓은 틈을 타서 그 이웃들이 형제가 부모에게서 물려받은 귀중한 것들을 훔치러 들 것이다. 오늘의 우리 현실이 꼭 그와 같지 않으냐?"

또 말했네.

"좀 어려운 말이다만, 주어진 선택지가 쇠뿔처럼 둘뿐이라면 조국 재건에 대한 생각과 방법을 달리하는 두 세력 중 한쪽이 오른쪽 뿔을 잡는다면 다른 쪽은 왼쪽 뿔을 잡을 수밖에 없지 않느냐. 왜냐면 같은 뿔을 잡고서는 상대방과는 다른 자기 생각을 실현시킬 수 없기 때문이다. 그것을 논리학에서는 '다른 뿔을 잡는다'라고 말한단다."

나는 그 말을 듣고 머리를 끄덕였네. 너무나도 옳은 말이었기 때문이네. 나는 당시에는 몰랐으나 내 동무들 중에는 함렛 선생의 말에 감동한 나머지 그로부터 간단한 사상교양을 받고 밤거리에 나가 '찬탁' 삐라를 뿌리기도 하고 전봇대에 붙이기도 했다는 말을 나중에 들었네.

미군이 38선 이남에 군정을 펴면서 학제도 미국식으로 9월에 학년을 시작하게 했으므로 우리 동기생들은 이듬해 3월에 6

학년으로 올라가지 못하고 5학년으로 반년을 더 다녀야 했네. 그렇다면 그 반년을 일제 치하에서의 몹시 부실했던 수업을 보충할 기회로 삼아야 하는데 그렇지 못했네. 세상이 제 자리를 잡지 못해 교과서들마저도 제대로 구해 볼 수 없었으니까 말이네.

5학년이 반년이나 늘어난 만큼 옹학조 선생이 계속해서 우리 반의 담임을 맡을 줄 알았으나, 그는 겨울방학이 끝난 뒤엔 학교에 나타나지 않았네. 아마도 찬탁 활동에 적극 나서려고 교사를 그만뒀던가 아니면 좌익 행동가로 몰려 경찰에 쫓기는 몸이 되었기 때문이었을 것이네. 그리고 그 뒤론 옹학조 선생의 소식을 듣지 못했네.

'미국을 믿지 말고 소련에 속지 말라. 지나는 지랄하고 일본은 일어선다. 조선 사람 조심하세'라는 말이 그 무렵에 입에서 입으로 전해졌네. 우리를 에워싼 그 나라들이, 미국과 소련이 자기 입맛에 맞게 조선을 요리하려고 드는 판에 우리가 그들의 입맛을 돋워 주는 짓만 골라서 하는 꼴을 보고 그래선 우리 민족이 어려움에서 벗어날 수 없다고 경계한 선각자의 마음에 와 닿는 말이 아니겠는가.

참 한심스러운 일이지만, 실제로 미군의 소령·중령들이, 행정엔 문외한인 그 젊은 애송이들이 남조선의 각급 행정 책임자가 되어 이런저런 현안들을 처결하면서 그들의 군정장관이 임명한 조선인 관리들이 그들의 구미에 맞지 않는 건의라도 하면 '노 굿 노 굿'을 연발하며 거부했다는 것이네. 그들은 미국의 이익에 부합하는 일이나 자기들이 소속된 미군의 관심사에만 귀를 쫑긋했을 뿐 조선 사람의 편익은 조금도 고려하지 않았다는 것이네.

그런 판국에 미국에서 오랜 망명 생활을 하다가 돌아온 이승만은 살아생전에 권력이라도 한번 잡아 보겠다는 노욕에 사로잡혀 남한만의 단독정부 수립을 주장하고 나섰네. 자기 세력이 없었던 그는, 어떻게 처신해야 할지를 두고 세상의 이목을 살피던 친일파들이 자기 앞에 넙죽 엎드리자 그들의 등에 올라탔다네. 민족의 장래를 염려한 많은 사람들이 남한만의 단독정부 수립을 반대했는데도 말이네. 외세에 의해 우리가 남북으로 분단당한 것만도 절통할 일인데, 분단을 항구화할 단독정부를 세운다는 것은 우리의 통일을 바라지 않는 우리 주변 강대국들의 장단에 맞춰 춤추는 꼴이라고.

단정 반대 시위가 남조선 방방곡곡을 요동치게 했네. 백범 김구는 해방 다음 다음 해에 광주에 내려와 단정 반대 연설을 했네. 그런데 김구는 군정 당국의 푸대접을 받아서인지 광주 중심부가 아닌 변두리의 대성국민학교 운동장에서 연설을 했네. 그것도 밤에 전등을 켜 놓고 말이네. 전남 군정 당국이 도심에서의 연설을 허가하지 않았기 때문이었네.

나는 그날 저녁에 연설장으로 가서 청중을 헤집고 맨 앞으로 가서 자리 잡고 앉았네. 그리고 안경 밑으로 불거져 나온 그의 광대뼈만 줄곧 바라보았네. 확성기에서 흘러나오는 그의 말은 확성기의 성능이 나빠 잘 알아들을 수가 없었기 때문이네. 평생을 조국 독립을 위해 헌신한 임정 주석에 대한 예우가 그래선 안 되었음에도 우리의 독립 따윈 아랑곳하지 않는 미국인의 눈에는 미국에 아첨하지 않은 그가 한낱 기피 인물로 보였을 뿐일 테니 그것을 어찌할 것인가. 백범이 암살당했을 때 미국의 어느 신문이 '늙은 테러리스트, 테러에 의해 죽다'라는 제목으로 그의 죽음을 보도했다는 말을 들은 적이 있네.

단독정부 수립을 위한 남조선만의 총선거는 미국의 주도로 설립된 국제연합의 승인 아래 백범 김구가 암살되기 15개월 전인 서기 1948년 5월 10일에 치러졌네. 그런데 그보다 한 달쯤 전인 4월 3일에 제주도에서 남한만의 총선거를 반대하여 궐기했을 뿐인 도민들을 미군정청 당국과 경찰이 인간 사냥이라도 하듯 마구 학살했다는 것이네. 육당이 일제를 향해 '아我 4천년 문화민족을 토매인우土昧人遇하여 한갓 정복자의 쾌를 탐한다'고 꾸짖었지만, 미국도 우리 민족을 '토매인우' 곧 미개인으로 여기지 않았다면 어떻게 그렇게 할 수 있단 말인가. 후발 제국주의자인 왜놈이 그렇게 보았다면 양인은 더 말할 것도 없지 않겠는가.

그 때문에 제주도 민중의 그들에 대한 항거는 갈수록 거세졌고, 제주도에 있는 병력만으로는 주민들의 불복종을 제압할 수 없게 되자 남한의 단정 수립으로 국방경비대에서 국군으로 명칭이 바뀐 여수의 14연대를 제주도에 출동시켜 그 사태를 해결하려고 했던 것이네.

그러자 14연대의 일부 군인들이 '우리가 어떻게 죄도 없는 동포들을 토벌할 수 있느냐'고 항명하며 무장봉기를 감행했다는 것이네. 그것이 이른바 여순반란사건이네. 그 사건은 그해 안에 마무리되었지만, 그 일을 빌미로 여수와 순천 일대에서도 끔찍한 학살이 자행됐네. 왜 자기들이 그렇게 해야 하는지도 모르고 두 편으로 갈려 형제끼리 친구끼리 서로가 서로를 죽이는 지옥도를 그려냈네 그려. 그 사건의 주동자들은 그들의 봉기가 실패로 끝나자 어쩔 수 없이 남도의 진산鎭山인 지리산으로 올라가 빨치산이 되었네. 그들은 6·25사변 이후 지리산으로 몰려들어가 빨치산이 된 사람들의 선도자가 된 셈이네.

사실 그 산은 유격전을 펼치기엔 최악의 조건들만 갖춘 곳이었네. 유격전을 하는 데 필요한 배후지도 없고 탈출로도 없는 절지絶地인 데다가 무엇보다도 국局이 작았네. 그것을 모를 리 없는 그들이 그 산으로 들어간 것은 쫓기는 마당에 달리 선택의

여지가 없었기 때문이 아니겠는가. 그때 광주엔 14연대보다 전투서열이 낮은 20연대가 주둔하고 있었네. 20연대가 주둔한 곳은 우리 학생들이 지난날 근로동원을 나가 비행기 활주로를 닦았던 곳인데, 해방 후 군사기지로 바뀌어 상무대라고 불렸던 바로 그곳이었네. 20연대 연대장은 박기병 대령이었는데 그는 반란군이 광주에 침투할지 모른다며 경찰과 함께 밤마다 광주 외곽에서 사주四周 경계를 했네. 그런데 경계를 하기 위한 병력이 모자라자 중학교 학생들까지 동원했으므로, 2학년생인 나도 몇 번이나 불려 나가 추운 겨울밤에 목총을 들고 보초를 섰네.

내 아버지 친구 박준렬朴俊烈은 그 당시 마침 조흥은행 순천 지점장이었는데, 반란을 일으킨 그들이 은행으로 들이닥쳐 그에게 총부리를 겨누고 은행 돈을 몽땅 내놓으라고 협박하자 금고 열쇠를 내줬다는 것이네. 그 일로 박준렬이 면직 당하자, 내 아버지랑 여러 사람이 '그렇게 한 것은 불가항력이기 때문인데 그 책임을 묻는 것은 가혹한 처사'라고 은행에 진정서를 냈다네. 그는 복직됐고 얼마 뒤에 광주 지점장으로 전근이 되어서 원래부터 집이 있던 광주로 옮겨 왔다네.

그 아들 박규수朴圭秀는 나와 동기생이네. 고교 졸업 후 그는 하와이로 유학 갔다가 다시 영국으로 갔네. 그가 해외로 나간 뒤로는 나는 그와 소식을 통하지 못했네. 그런데 훗날 중앙정

보부가 '동경 거점 간첩단'사건을 발표했을 때 그가 박대인朴大仁이란 이름으로 그 일원이 되어 있는 것을 보고 나는 적잖이 놀랐네. 그가 그런 일에 얽혀 들다니 너무나 뜻밖이었기 때문이네. 그 사건에 관련된 다른 사람들도 마찬가지가 아니었을까? 그는 젊은 나이에 사형을 선고받아 형장의 고혼이 되고 말았다네.

그가 국가권력의 이름으로 죽임을 당할 만한 일을 저질렀을까? 나는 지금도 그 아버지와 그 아들을 생각할 때면 '그는 분단시대의 제단에 바쳐진 희양犧¥이 된 것이나 아닌가'라는 안타까운 감정을 지울 수 없네. 우리가 외세에 의해 남과 북으로 갈라진 뒤, 수없이 보고 겪은 분노와 증오로 일그러진 우리의 자화상을 보는 것 같아 마음이 납덩어리처럼 무겁다네.

기정사실화라는 망각의 덫에 걸려, 우리가 누구인가를 스스로 망각하고 남을 위해 자기를 학대하는 사람들로 넘쳐나는 이 현실에 절망을 느끼지 않을 수 없으니 이를 어찌해야 한다는 말인가.

2

내가 7월 말에 입학시험을 치르고 합격한 중학교의 본관 건물이 방학 기간인 8월에 누군가의 방화로 불 타 허물어졌네. 수험생들이 본관 건물의 교실에 들어가 시험을 보았는데 하루아침에 오유烏有로 돌아갔네. 반탁 세력의 전위대라 할 학련에 가입한 재학생들은 찬탁 좌익 학생들 중 하나가 불을 질렀다고 기세등등하게 주장했네. 그러나 범인은 끝내 잡히지 않았고, 지금은 언제 그런 일이 있었던가 싶게 잊히고 말았네.

만약 그 일을 저지른 그가 살아 있다면 그 사건의 진상을 알리기 위해 이젠 자백해도 좋으련만 나타나지 않네 그려. 그때 반탁 쪽 학생이 찬탁 쪽이 불을 질렀다고 뒤집어씌워 그들을 궁지에 몰아넣으려고 그렇게 했다는 소문도 나돌았으니까.

중학교에 입학하게 된 우리 1학년은 네 개 반으로 나뉘어 강당을 네 칸으로 나눈 교실에서 수업을 받기 시작했네. 강당 옆에는 검도와 유도를 가르치는 장소인 강당과 비슷한 크기의 무도관이 있고 두 건물 사이의 꽤나 넓은 땅에 금잔디가 깔려 있었네. 그런데 휴식 시간마다 강당 밖으로 쏟아져 나온 시망스런 1학년 학생들이 그 잔디밭을 마구 짓밟고 그 위에서 나뒹굴기도 해서 이듬해로 접어들자 초록빛 융단처럼 아름다웠던 금잔디가 다 시들어 죽고 말았네.

학련 간부인 상급생들은 수업 시간 중에도 우리가 공부하고 있는 교실로 거칠게 들어와 "운동장으로 집합"이라고 외치며 우리를 교실 밖으로 불러냈네. 그러면 우리를 가르치던 선생은 들고 있던 분필을 교탁 위에 내려놓으며 우리에게 나가 보라고 말없이 손짓을 했네. 그리고 그런 일은 하루에 거의 한 번꼴로 일어났네. 그들이 우리를 운동장에 집합시켜 놓고 한 일이라곤 반탁에 관한 열띤 주장을 늘어놓거나, 우리에게 정신이 빠졌다며 '엎드려 뻗쳐' 따위 기합을 넣는 것이 고작이었네.

　정부가 수립되자 학년의 시작을 다시 3월로 되돌렸으므로 9월에 3학년으로 올라간 우리 동기생들은 이듬해 2월에 한 학년을 마치는 반토막짜리 한 학기만의 수업을 받고 진급해야 했네. 그리고 그에 대한 학부모나 학생들의 불만을 잠재울 방안이라도 내놓는다는 듯이 교육 당국은 학제를 개편하여 그때까지의 중학교 6년제를 중학교 3년과 고등학교 3년으로 나누었네.

　중학교 3학년 때 나와 한 반이 된 조동소曹東소은 머리가 좋았을 뿐 아니라 몹시 튀는 괴짜였네. 그는 수업 시간 중에도 자리에서 벌떡 일어나, 과목과는 관계　없는 시국 문제를 거론하면서 선생을 다그쳤네. 그 문제는 이렇게 해야 해결되지 않겠느냐면서. 그가 시국 문제를 두고 열변을 토로하면서 상대한 선생은 여럿이었네. 그런데 그 선생들은 하나같이 그의 주장에 대해 답변하거나 반박하지 못했네. 선생 체면을 살리려고 한다는 말이 "거 무슨 객쩍은 소리냐. 그만 말하고 앉아"라고 어물거리는 정도였네. 시방 생각해도 중학교 교실에서 그런 진풍경이 벌어지게 할 일이, 그런 일을 벌일 사람이 나타날 시대는 앞으로 도무지 올 것 같지 않아 웃음이 절로 나네.

나뿐 아니라 내 동무들도 3단 논법이 무엇인지 몰랐던 당시에 조동은 자기주장을 펴면서 3단 논법을 구사하여 그것이 정당함을 논리적으로 입증하려고 들었네. 그는 '고故'로 결론은 이렇다고 큰 소리 쳤네. 나는 이른 나이에, 조동에 비하면 그렇지도 않지만, 그를 통해 변증법이 무엇인지 3단 논법이 무엇인지를 알게 되었다네. 조동은 '고로'를 너무 뻔질나게 입에 올린 탓인지 여느 때 동무들과 얘기하면서도 '고로'를 연발했네. 그래서 나는 그에게 '조고로'란 별명을 붙여줬다네.

한반도 남반부의 대통령이 된 이승만은 "뭉치면 살고 흩어지면 죽습네다"라고 하소연했네. 말인즉 옳은 말이었네. 그러나 남한의 국민이나마 뭉치게 할 방안은 내놓지 못하고 말로만 그렇게 했으니 그 얼마나 공허한 말인가.

그는 또 아무런 준비도 없이 북진 통일을 주장하면서 이북으로 쳐들어 갈 국군 장병들로 하여금 "점심은 평양에서 먹고 저녁은 백두산에서 먹게 하겠다"고 북조선의 신속한 접수를 공언했네. 그것이 통일을 빨리 하겠다는 원망을 내비친 비유라고 하더라도 너무 어이없는, 사람들을 우롱하는 속 빈 장담이라고

186

하지 않을 수 없네. 그야말로 치인의 잠꼬대 같은 말이었네. 그럴 역량도 없는데다가 아무런 준비도 갖추지 못한 터였으니까.

내가 새로 생긴 고등학교에 입학한 해이고, 고등학교에 지원하지 않은 동급생들은 중학교 4학년으로 올라간 해에 6·25사변이 터졌네. 이승만의 호언과는 달리 김일성이 거꾸로 남진 통일을 하려고 만반의 준비를 갖춘 모양이어서, 그는 일요일인 6월 25일 새벽에 인민군으로 하여금 남으로 쳐내려오게 했으니 말이네. 한국군은 패배를 거듭하면서 서울을 버리고 남으로 남으로 후퇴했네. 당시에 이런 말이 나돌았네.

"올해가 단기 4283년이 아닌가. 거꾸로 읽어 보게. 삼팔이사三八以死가 되네. 다시 말하면 38선이 터진다는 말이네."

인민군은 7월 15일에 벌써 광주로 진주했네. 그러자 미군 전폭기들이 날아와서 광주의 곳곳을 폭격했네. 시민들은 일제 때 파놓았다가 되묻은 지하 방공호를 다시 파고 그 지붕을 덮었네. 일제 땐 공습대비 훈련만 했을 뿐 실제 상황은 일어나지 않아 사용하지 않았던 방공호에 이번엔 공습경보가 울리면 들어가 대피해야 했으니 일의 되어 가는 품이 얄궂다고 하지 않을 수 없네.

나는 우리 집 마당에 파놓은 방공호 곁에 서서 미군기가 떨어뜨리는 소주독만 한 폭탄들을 쳐다보았네. 요즘엔 볼 수 없는 소주독은 소주 한 말이 들어가는 밑이 펑퍼짐한 옹기였네. 내가 어떻게 그 크기를 알았느냐 하면 폭격이 끝난 뒤에 집 근방에 나가 땅바닥에 박혀 있는 불발탄들을 보았기 때문이네. 그 폭탄은 500킬로그램짜리라고 하데 그려.

미군 폭격기들은 또 그 목표물에 네이팜탄을 내쏘았네. 그것은 쏘는 순간에 쉭 하는 날카로운 쇳소리를 내며 불덩어리가 되어 날아들었는데, 그것이 떨어지는 곳 일대는 불바다가 되었네. 폭탄보다 무서웠네. 나는 또 한 차례 폭격이 끝난 뒤에 거리에 나갔다가 시커멓게 그을린 한 주검을 보았는데, 그 주검이 인민군 병사인지 시민인지는 알 수 없었네.

전폭기들의 기관포 소사掃射는 더 무서웠네. 주요 시설이 아닌데도 아무데나 대고 마구 드르륵 드르륵 쏘아 댔으니까 말이네. 그 기관포는 구경이 2분의 1인치여서 통칭 캘리버50이라고 한다네. 그 기관포탄은 몇 발에 한 발씩 빛을 내서 탄도를 알리는 예광탄이 끼여 있고 또 장갑을 뚫을 수 있는 철갑탄徹甲彈도 섞여 있다고 하데.

나 혼자 집을 지키고 있던 8월 초순의 어느 날, 나는 공습경보를 듣고 방공호로 들어가다가 하마터면 미군 전폭기에서 쏘는 탄환에 맞을 뻔 했네. 탄환 두 발이 내 귓전을 스쳐, 방공호의 통나무들로 덮고 그 위에 흙을 쌓은 지붕에 박혔으니까 말이네. 그 두 발 중 하나는 철갑탄이었네. 탄환이 통나무에 맞아 표피인구리가 몇 갈래로 갈라진 속에 다시 차갑게 빛나는 강철 탄알이 들어 있는 것을 보고 알았다네.

그때 미군은 전쟁사상 처음으로 제트기를 실전에 투입했다네. 사람들은 그 제트기를 호줏기라고 불렀네. 그건 이 대통령 부인 프란체스카의 모국이 오스트리아인 것을 오스트레일리아로 잘못 알고 한 말이었는데, 그 친정 나라에서 그녀의 남편 나라를 도우려고 보낸 것이라는 터무니없는 말이 그럴듯하게 유포되었다네.

그런데 종전의 프로펠러기는 멀리서부터 먼저 비행기가 날아오는 소리가 들리고 난 뒤에 나타났으므로 공습에 대비할 수 있었으나, 난생처음으로 대하는 제트기는 빠를 뿐 아니라 그것이 사람 머리 위를 지나가고 난 뒤에 그 굉음이 들렸으므로 쉽게 대비할 수 없었네. 제트기가 내는 날카로운 금속성을 들은 사람들은 그래서 그것을 '쌕쌕이'라고도 불렀는데, 그 기관포탄이 여러 발 우리 집 마당에 날아든 것도 그중 두 발이 방공호 지붕에 박힌 것도 나는 나중에야 알게 되었네.

내 아버지는 공무원인데다가 한 관청의 장이었으므로 그들은 광주로 내려오자 곧바로 아버지를 데려가 형무소에 가뒀네. 또 우리 집은 수색을 당했네. 하지만 그들이 압수할 만한 값어치가 있는 물건이라곤 집 안에 없었네. 내 어머니는 전라남도 인민위원회 부위원장이 된 국기열鞠錡烈을 찾아가 아버지가 형무소에서 풀려날 수 있게 해 달라고 호소했다네.

그도 그럴만한 것이 호가 한 사람의 농투사니란 뜻의 일농一農인 국기열은 해방 후 몇 년 동안 우리 집 사랑에서 끼니 때면 밥상을 받으며 살다시피 했으니까. 고향이 담양인 그는 한성사범을 졸업하고 광주로 와서 보통학교 훈도가 되었다네. 당시엔 보통학교 선생을 훈도라고 불렀다네. 그때 아버지가 그에게서 공부를 배웠다네. 그래서 아버지는 그를 꼭 국 선생이라고 불렀네. 국 선생은 나이 서른을 넘어서야 보통학교 훈도를 그만두고 일본 동경으로 유학을 갔다네. 그런데 내 아버지도 같은 시기에 그곳으로 유학을 갔으므로 두 사람은 다시 타국에서 재회하게 되었고, 그 때문에 교분이 더욱 친밀해졌다네.

국기열은 유학을 마치고 돌아와 서울에서 신문기자를 하다가 사회주의 사회를 실현하기 위한 운동에 가담한 사상범으로 몰려 몇 해 동안 옥살이를 했다는 것이네. 다시는 취직을 할 수 없게 된 그는 다시 광주로 와서 실직자 생활을 했는데 아들 딸 여럿을 낳은 그의 아내가 온갖 일을 하면서 생활비를 벌었다네.

내 아버지보다 나이가 열 살 많은 그는 6·25 때 이미 예순 살이 되어 있었는데, 그는 어머니의 간청을 듣고 "나는 그렇게 못해요"라고 퉁명스럽게 대답했다는 것이네. 어머니는 "어떻게 그럴 수 있단 말이냐"라고 우리 집 식구들 앞에서도 한동안 그를 원망했네. 그러나 나는 '국 선생도 아버지를 꺼내 주고 싶은 마음이야 있었겠지만 그에게 그럴만한 힘이 없어서 그랬던 것이 아닐까'라고 생각했네.

내 형 인학은 그해에 서울의 한 대학에 들어갔으나 신경쇠약에 걸려 집에 내려와 있는 중에 전쟁이 터졌네. 어머니는 서울에 남아 있는 젊은이들이 북의 지시로 인민의용군에 끌려갔다는 소문을 듣고 형이 그런 증세를 보인 것을 오히려 다행으로 여겼네. 그런 판국에 인민군이 광주에 진주하자 형이 또 군대에 끌려갈지 모른다며 형과 함께 내가 모르는 곳으로 피신했네.

그래서 나 혼자 집을 지키고 있었던 것이네. 나는 두 달 남짓 학교에도 가지 않고 집에 틀어박혀서 아버지 서가에 꽂혀 있는 책들을 이것저것 뽑아 읽으면서 길고 지루한 여름날들을 보냈네.

그런데 9월 중순에 미군이 인천에 상륙하여 인민군의 보급로를 차단하자 인민위원회와 인민군들이 광주에서 철수했네. 그들에 협조했던 사람들은 겁이 나서 산등성이를 하얗게 덮을 만큼 무리지어 산으로 올라갔네. 인공 치하에서 학교에 나갔던 내 동기생들 중 인민위원회 지시에 따라 행동했던 수십 명도 그 입산 대열에 끼어들었네. 조고로도 그 가운데 한 사람이었네. 나중에 들어서 알았지만, 그는 어느새 열렬한 사회주의 신봉자가 되어 있었다네. 그는 절대 다수인 민중이 주체가 되어 통일조국 건설에 매진해야 한다면서, 인공 치하에서 중학생의 신분을 벗어난 폭넓은 활동을 했다는 것이네.

그러나 입산자들 중 빨치산 활동을 할 수 있는 젊고 건강하며 사상성이 강한 사람들만 산에 남고 대다수 입산자들은 도로 내려왔다네. 날씨는 추워 오는데 홑옷 바람으로 엉겁결에 따라 나선 그들이 어찌 산 생활의 지독한 고생을 견딜 수 있었겠는가. 한 빨치산 지휘자는 산으로 올라온 내 친구들에게 안쓰럽다는 듯이 말했다는 것이네.

"중학생인 너희가 무슨 큰 죄를 지었다고 산으로 들어왔느냐. 학교로 돌아가 공부를 계속하여라. 그래서 조국의 장래에 이바지할 수 있는 인재가 되어라."

그럼에도 남아서 산 사람이 된 친구들이 여럿이었다네. 조고로도 그중 한 사람이었네.

인민군이 물러가자 누가 그랬는지는 모르나 형무소의 문이 활짝 열렸네. 나는 형무소의 문이 열렸다는 말을 듣고 거기서 나오는 아버지를 마중하려고 그 앞으로 달려갔네. 아버지는 목에 수건을 두르고 그 안에서 꾸역꾸역 몰려나오는 사람들 틈에 섞여 막 형무소 식량창고 앞까지 와 있었네. 식량창고의 문도 열려 있었는데, 건장한 수감인들은 다투어 그 안에 들어가 보리 한 가마니씩을 등에 메고 나오고 있었네. 거기 쌓여 있는 곡식엔 쌀은 없고 전수 보리뿐이었기 때문이네.

그 무렵에 집으로 돌아와 있던 어머니가 두부 한 모를 구해서 들고 나를 뒤쫓아 왔으므로 나는 아버지를 어머니에게 맡기고 창고 안으로 들어가 그들처럼 보리 한 가마니를 등에 지고 나오려고 했으나 힘이 부쳐 그렇게 할 수 없었네. 나는 창고 안쪽에 쌓여 있는 빈 가마니들 중 하나를 가져와, 거기에 보리 가마니의 보리를 절반쯤을 덜어 내고 반 가마니만 질질 끌고 집으로 돌아왔네.

그들이 물러가고 군경이 들어올 때까지의 열흘 남짓 되는 기간에 광주는 행정력은 진공상태였고 치안은 공백상태였네. 그럼에도 살인사건이나 강도사건이 한 건도 일어나지 않았네. 시민들은 다른 고장에서의 불미스런 살인사건들을 들으면서, 광주 사람들의 동요하지 않은 성숙한 시민의식을 스스로 놀라워했고 그것을 자랑으로 여겼다네. 나는 지금도 당시의 그 고요했던 시내의 광경을 잊지 않고 있네.

내 아버지는 관직에 복귀했고, 갈 곳이 없게 된 국 선생은 우리 집으로 와서 숨어 지냈네. 어머니는 입술을 삐죽 내밀면서 그가 했던 말을 아버지에게 일러바쳤으나, 아버지는 못 들은 척

했네. 그는 우리 집에 있다가 경찰에게 잡혀 갔고 재판을 받아 상당히 무거운 징역형을 선고 받았네. 그러자 아버지는 다른 유력자들과 함께 국 선생을 위한 탄원서를 요로에 냈고, 그 때문인지 그는 옥살이 2년 만에 석방되었네. 그 뒤로 국 선생은 다시 우리 집 사랑에 와서 소일했네.

입산한 내 동기생들도 죽지 않고 하나둘 씩 산에서 내려왔네. 고생스러운 산 생활을 견디지 못해 스스로 기회를 보아 내려왔거나, 그 부모나 가까운 친척이 그들을 살려 내려고 군이나 경찰에 재직한 친척이나 친지들을 통해 빨치산 토벌에 나선 군경들에게 손을 쓰게 했기 때문에 사로잡혔더라도 놓여 나올 수 있었던 것이네. 그러나 그들 대다수는 입산 경력 때문에 떳떳하게 사람들 앞에 나서지 못하고 사회의 뒤안길에서 굴곡진 삶을 살아야 했네. 학생 땐 머리가 좋아 공부를 잘했는데도 말이네. 그들은 아무래도 사회활동을 하는 데 제약이 많은 고향을 등지고 생계를 꾸리기 쉬운 서울로 모여들었네. 훗날 나는 조동의 연락을 받고 그들끼리 만나는 회식 자리에 몇 번 참석했네. 나는 그 자리에서 이렇게 말한 적이 있었네. 농담 반 진담 반으로 말이네.

"자네들보다 어린 나이에 빨치산이 된 치들은 없다며? 그렇담 자네들이야 말로 더 라스트 파티잔 제너레이션the last partisan generation이 아닌가. 아마도 언젠가는 우리 역사에 조국 통일을 위해 싸운 영광스러운 최연소 전사로 기록될지도 모르네. 차제에 입산동지회라도 만들지 그러나?"

3

외종형 남경우는 6·25사변이 일어난 해에 나이가 스물일곱 살이었는데 나주가 고향이었네. 그는 그 전 해에 장가를 들어 첫 아들을 본 참이었네. 그는 밥술깨나 먹는 집안의 아들이란 말을 들으면서도 해방 후 찬탁 편에 서서 활동했다네. 그 때문에 그는 그동안 몇 번이나 경찰에 불려가 시달림을 받았는데, 장가를 들어 신접살림을 차리면서 생활 전선에 나서려고 경찰이 요구한 대로 사상 전향서를 제출했다네. 내 외삼촌인 그의 아버지는 그동안 '주의나 사상이 밥 먹여 주는 것은 아니잖으냐? 뭣보다 살 궁리를 해야제'라고 좌익 운동을 해 온 아들을 못마땅하게 생각해 오다가 그가 전향서를 썼다는 말을 듣고 반색했다네.

남경우처럼 남한정부 수립을 전후하여 사상 전향서를 쓴 사람들이 그 고을에서만 수십 명이었다는 것이네. 그리고 그러한 사정은 어느 시군에서나 마찬가지였다는 것이네. 그런데 당국은 그런 전향자들을 그냥 놔두지 않고 그들이 서약한 대로 행

195

동하는가를 관찰한다는 명목으로 보도연맹保導聯盟이란 단체를 만들어 가입시켰다네.

6·25사변이 터지고 인민군이 쳐 내려오자 경찰은 패퇴하는 국군을 따라 후퇴했네. 하지만 모든 경찰관이 그렇게 할 수는 없었네. 특히 말단 경찰관 대부분은 민간인 옷으로 갈아입고 몸을 숨겼네. 그런데 말이네, 다른 고장에서도 그랬듯이 나주에서도 경찰은 후퇴하기 전에 보도연맹 가입자들을 경찰서로 소집했다네. 그리고 그들을 줄줄이 묶어 인적이 없는 산기슭이나 외진 곳으로 데려가 총으로 쏴 학살했다는 것이네. 보도연맹 가입자들 중 눈치 빠른 사람은 소집에 응하지 않고 피신했지만, 고지식하게 응한 사람들은 모두 그렇게 무참하게 목숨을 잃었는데. 남경우도 그 속에 들어 있었다네. 그리고 그 학살은 상부 지시에 따른 것이었다네.

몸집이 부대한 나의 외삼촌 남상구南相求는 둘째아들 경우가 그렇게 죽었다는 전언을 듣자 그 자리에서 졸도했고, 두 달이나 혼수상태에 있다가 그만 세상을 떠나고 말았다네. 사변 전에 행방불명이 된 큰아들 남일우南—祐 때문에 앓아 온 마음의 홧병이 가시기도 전에 또 그런 일을 당했으니 그 충격이 얼마나 컸겠는가. '재앙은 홀로 다니지 않는다'는 화불단행禍不單行은 그 3부자를 두고 한 말인 것 같기도 했네.

중공군의 참전과 1·4후퇴로 세상이 어지럽고 시끄러웠던 탓에 내 어머니는 이듬해 봄에야 친정 올케에게 조문을 갔는데 내가 따라가게 되었네. 나주 산정동의 나지막한 언덕 기슭에 자리 잡은 그 집은 아주 오래된 한옥이어서 을씨년스러웠네. 툇마루 한쪽에 움푹 팬 다리미 자국이 나 있었는데, 그 깊이로 보아 마루판 두께가 거의 한 뼘이나 되어 보였네. '절간도 아닌 여염집 마루판이 이렇게 두꺼울 수가'라는 생각이 들어 나는 놀랐네. 마당 앞에 서 있는 탱자나무는 그 키가 두 길이나 되게 컸네. 탱자나무 울타리만 보아 왔던 나는 탱자나무가 그렇게 크게 자랄 수 있다는 것을 그제야 알았네.

　　외숙모는 소복을 한 모습으로 내 어머니를 맞이했는데, 역시 소복을 한 큰며느리와 작은며느리도 뒤따라 나왔네. 작은며느리는 아이를 안은 채. 한 집에 세 과부라니, 그것도 갑자기 과부가 된 시어머니와 남편의 생사를 모르는 생과부와 이제 스물을 갓 넘긴 청상과부라니 누가 무슨 잘못을 저질렀기에 그런 애처로운 일이 생겼단 말인가. 그러나 시어머니 과부는 별로 슬퍼하는 기색도 없이 꿋꿋하게 손아래 시누이인 내 어머니에게 말했네.

　　"인공 세상이 되자 경찰의 학살로 냄편과 자석을 잃은 집 가족들이 나헌티도 와서 원수를 갚아야 헝께 함께 가서 그 사람들을 찾아내 죽여야 헌다고 허데만, 나는 따라나서지 않았네. 그런다고 내 자석이 살아 돌아오는 것도 아닌디 뭣허러 그런 끔찍헌 짓을 헌단 말인가. 지지리도 세상을 잘못 만난 탓으로나, 운수가 불길헌 탓으로나 돌려야제."

......

경오생은 6·25 당시 갓 스물의 청춘이었네. 마치 갑자생이 일제가 일으킨 태평양전쟁이 한창이었던 저들의 소화 18년에 갓 스물이었던 것처럼. 인민군이 쳐 내려오자 그들은 국군으로 징집되었고, 이북의 인민의용군으로 차출되었으며 저 악명 높았던 국민방위군으로 끌려갔네. 국민방위군으로 끌려간 그들은 의복도 식량도 제대로 지급 받지 못해 수많은 대원들이 굶어 죽고, 얼어 죽었지만 누구도 그 책임을 지려고 하지 않은 채 주무부처의 난맥상만 드러내고 말았네. 억울하게 죽은 젊은 원혼들은 저승으로 가면서도 누구에게 매달려 하소연해야 할지 몰랐을 것이네. 그 제도를 만든 자나 국민방위군을 지휘하고 운영한 자가 자기는 모르는 일이라고 시치미를 뗐으니까. 그러나 그들은 그 운영비를 착복하여 사복을 채웠고, 흥청망청 주색에 빠져 있었다는 것이네. 나라 안 사방에서 그에 대한 원성이 높아지자 이승만

정권은 당황한 나머지 재판이란 요식행위를 거쳐 그 사령관 김윤근을 사형에 처하는 것으로 그 일을 얼버무렸네.

그럼에도 성실하고 의로운 청춘들 중엔 외세가 가져다 준 명색뿐인 해방이 아닌 진정한 조국 해방을 쟁취하기 위해 자진 입산해서 빨치산이 된 열혈청년들도 있었다네. 트럼펫을 잘 부는 내 형의 동기생 강산江山은 친구 따라 산으로 올라가 빨치산이 된 순정파였다네. 그 이름이 본명이 아닌 것 같네만 그는 친구의 그런 주장에 맞는 말이라고 맞장구를 쳤다가, "말로만 맞다고 하면 되느냐? 말을 행동으로 옮겨 그 말이 거짓이 아님을 보여 줘야제"라는 채근에 자존심이 강한 그는 "좋다. 그렇게 하지"라고 대답한 뒤에 그 친구와 함께 자진 입산했다는 것이네.

그렇게 입산한 강산은 조국 통일에 이바지한다는 일념으로 몸을 사리지 않고 누구보다 용감하게 전투에 앞장섰다는 것이네. 결국 그 때문에 그는 입산한 지 1년 만에 군경 합동의 공비 토벌대에게 사살되고 말았다네. 언제나 트럼펫을 허리에 차고 다니면서 토벌대와 조우하면 싸우기 전에 트럼펫을 한바탕 불어, '나팔수 빨치산'이란 별명으로 유명해진 그는 그처럼 짧은 일생을 살고 갔다네. 강산은 이 강산에 어떤 세상, 어떤 새날이 오기를 염원하며 응주應奏라곤 없는 고독한 나팔을 불었던 것일까?

강산을 입산하게 만든 그 친구는 그 뒤에 토벌대에 귀순해서 산에서 내려왔는데, 그가 내 형에게 와서 그 소식을 전했네. 그리고 나는 그 얘기를 형에게서 들었다네. 강산처럼 빨치산이 어떤 것인지도 모르고 혁명의 열망에 들뜬 선배와 친구의 이끎에 따라 산으로 올라간 수많은 젊은이들은 자기를 빨치산이 되게 한 조국의 현실을 얼마나 자조自嘲했겠는가. 비참한 절망의 골짜기를 헤매다 죽어 가면서 또 얼마나 원망했겠는가.

살아서 산에서 내려온 한 빨치산이 허무하게 죽어간 동지들을 애도하면서 이런 시를 지었다네.

조상들의 주검이 묻히고 묻혀 흙이 된
강토에서 발을 구르고 땅을 치며 통곡하는
아들 딸들아

못 다 핀 청춘들의 해골이 쌓이고 쌓여
장벽을 이룬 겨울 산의 설원에서 분노하는
군상群像들아

통곡을 그치고 분노를 삭여라
희망은 절망에서 피어나는 바람꽃
바람꽃은 바람이 되고 훈풍이 되어

얼어붙은 두 맞선 가슴들을 녹이리니

꽃잎처럼 흩어진 넋들아 서러워 말라
죽음과 삶이 음양의 순환일 뿐이라면
내일이면 통일 동산에 피어 어우러질
아름다운 꽃들로 부활해 있으리니

나는 생각했네. 나는 다만 조국의 현실을 관조觀照했던 자
일까. 좌우의 싸움을 벽상관壁上觀했던 자일까. 그것은 성벽에
올라 남의 싸움 구경하듯, 이도저도 아닌 제3자의 입장에서 지
켜보기만 한 것을 가리키는 말이라네. 부끄럽게도 그렇다고 고
개를 끄덕일 수밖에 없네. 나는 왜 내가 옳다고 여기는 쪽을 위
해 행동하지 못했던가. 용기가 없고 겁이 많아서 그랬다고 말할
수밖에 없네. 확신을 갖지 못한 회색주의자였기에. 그러나 '모든
사상은 회색이다'라는 누군가의 주장을 수긍한다면 나의 그런
주의쯤은 용혹무괴한 일이 아닐 수 없네.
　그리고 생떼같던 그들의 죽음을 딛고 살아남은 동시대인
인 우리 모두가 이제라도 그 원혼들 앞에 묘비를 세워야 한다고,
진혼의 나팔을 불어야 한다고 나는 생각하네. 그런데 증산교를
연 강증산은 남조선에서 그런 살육상이 나타날 것을 미리 알고

'해원상생解冤相生'을 말했데 그려. 그렇게 해야만 사람이 사람을 하늘로 여기는 후천개벽이 된다고. 참으로 맞는 말이라고 생각하네. 그렇다면 그 묘비명으로는 '해원상생'이 제격이 아니겠는가. 어찌 소소하게 그들만을 위해 그러겠는가. 해원상생이야말로 우리 겨레가 살 길이고 나아가 인류가 살 길이란 것을 이젠 모두가 깨달아야 하네. 그러지 않고서는 너와 나 모두가 상극의 구렁텅이로 빠져 파멸하고 말 것이기 때문이네.

허나 원한을 풀어 버린다고 저절로 상생이 이뤄지지는 않는다는 것을 알아야 하네. 그것을 어떻게 푸느냐가 상생으로 가는 열쇠가 된다고 봐야 하네. 상대방에 원한을 품은 피해자가 너그러운 양 그것을 잊거나, 없었던 일로 치부하는 것은 그것을 풀기는커녕 되레 옭아매는 짓밖에는 안 되기 때문이네. 왜냐하면 피해자가 제 풀에 원한을 잊는다면, 가해자는 그를 짓밟아 뭉개도 될 무골충으로 알고 또다시 짓밟으려 들 것이니까.

그러므로 원한을 갚는 것이 그것을 푸는 길의 첫 단계임을 명심해야 하네. 어떤 방법으로든지 말이네. 빚을 갚지 않으면 언제까지나 빚으로 남아 있을 뿐 아니라 이자까지 계속 붙는다는 것을 생각해 보게. 어찌 갚지 않고 그냥 놔둘 수 있겠는가.

조상의 치욕은 후손의 치욕이네. 남의 나라에게서 당한 치욕이라면 더욱 그러하네. 그럴 것이 그 치욕을 씻지 않으면 언제까지나 없어지지 않고 남아 있을 것이므로. 춘추시대의 제 양공齊襄公은 용렬한 임금이었는데도 9대조인 애공哀公의 원수를 갚았다네. 그 이유가 '선군지치 유금군지치先君之恥 猶今君之恥'라는 것이네. '선대의 치욕은 후대의 치욕'이라는 것이네, 위에서 말한 것처럼 치욕은 갚지 않으면 영구히 없어지지 않는다는 것이네. 그런데도 우리는 매번 조상의 치욕을 씻지 못했네. 우리 조상이 4백 년 전인 임진왜란 때 왜놈들에게 당한 치욕과 원한을 갚지 못했을 뿐 아니라 잊었기 때문에 저들은 우리를 만만하게 보고 조선의 국운이 기울자 다시 우리 땅으로 제멋대로 쳐 들어와 우리 백성들을 학살하고 늑탈하고 연행했네.

갑오년 농민전쟁이 일어나자 우리나라에 허락도 받지 않고 상륙한 일본군은 공주 우금치에서 화승총과 죽창으로 무장한 수많은 우리 농민군을 기관총으로 드르륵 드르륵 쏴서 도륙했네. 그 전투에서 진 농민군들이 흩어져 달아나자 일본군은 토끼몰이 하듯 그들을 전라도 쪽으로 몰아 그들뿐 아니라 농민군에 가담하지도 않은 농민들까지도 닥치는 대로 붙잡아 살육했네. 참혹하게도 작두로 그들의 머리를 잘랐다는 것이네. 저들은 그 여세를 몰아 미국과 밀약을 맺고 그 묵인 아래 기어이 우리나라를 저들의 식민지로 만들었네. 한 나라와 한 민족을 무슨 물건이라도 흥정하듯 주인인 우리의 어깨 너머로 말이네.

우리는 또 일제의 압제에서 벗어나자마자 미제를 상전으로 맞아들여 그들의 말이라면 죽는 시늉이라도 해야 하는 시대를 살아 왔네. 우리에게 분명히 좋은 일인데도 그들이 '노 굿'이라고 말하면 우리도 '노 굿'이라고 하고, 분명히 문제가 있는데도 그들이 '노 프러블럼'이라고 말하면 우리도 '노 프러블럼'이라고 해야 했으니까 말이네.

그렇게 비굴하게 군다고 해서 우리를 잘 보아주기는커녕 도리어 압박하고 경멸하기 십상인데도 말이네. 교만을 떠는 상전도 드센 머슴에겐 고패를 숙이고 고분고분한 머슴은 심하게 부려먹는다는 속담처럼. 이젠 미국에게서 당한 굴욕과 훼방도 갚아 줘야 하네. 그것들이 쌓여서 그들에 대한 걷잡을 수 없는 원한으로 바뀌기 전에 말이네.

우리에게 이루 다 말할 수 없는 고통을 안겨 준 6·25도 미국이 소련과 더불어 그들의 이익에 따라 우리 민족을 남북으로 갈라놨기 때문에 일어나지 않았는가. 그것은 제국주의자의 '분할하여 지배한다'는 사악하고 무자비한 면모를 여실히 드러낸, 우리로서는 용서할 수 없는 폭거라고 아니 할 수 없네.

오늘날 우리에겐 일제의 강점이 미제에 의한 분단을 낳고 분단이 동족상잔을 낳은 악순환의 고리를 끊어야 하는 막중한 책무가 지워져 있네. 그리고 그 악순환을 끊는 방법은 원한을 갚음으로써 원한을 푸는 것이 되어야 한다고 보네. 그렇다면 원한은 어떻게 갚아야 하는가.

중니 선생은 일찍이 말했네. '이직보원以直報怨'이라고. 원한을 올곧음으로 갚아야 한다는 것이네. 내가 거기에 한마디 덧붙이자면, 그것은 가해자가 아닌 핍박받아 온 피해자의 잣대로 그들이 그동안 저질러 온 잘못을 따져, 그들로 하여금 승복케 하고 사죄하지 않을 수 없게 만드는 것이 아니겠는가. 그리하여 그들과 함께 상극의 선천에서 벗어나 상생의 후천으로 나가야 할 것이 아니겠는가.

혹자는 말했네. 상생의 후천은 이미 눈앞에 닥쳐 왔으며 그 후천을 이끌 지도자는 온갖 고난을 이겨 내고 푸르른 솔처럼 꿋꿋하게 우뚝 선 우리 배달겨레 모두라고. 만국이 상생할 수 있는 방책은 남조선에서 나온다고.

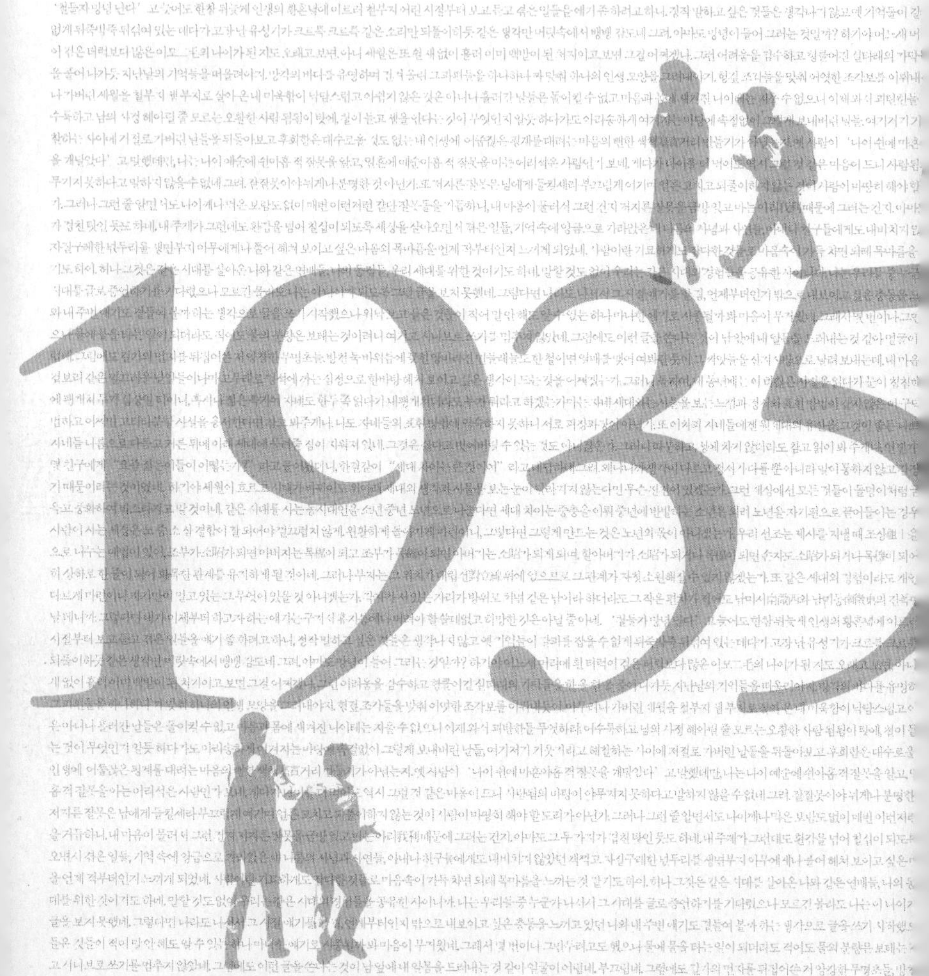
1935

07

가상세계假想世界의 장章

1

뒤돌아보니 세상은 갈수록 어지럽기 만화경 같고 내닫기 주마등 같은데, 그 달라지는 모습이 어찌 그리도 빠르단 말인가. 그 달라지는 본새로 보아 오늘의 하루가 백 년 전의 한 해와도 같아 보이니 세상이 축시縮時의 마법에라도 걸린 듯하네 그려.

그러나 세상이 빨리 변하는 것과 세월이 빨리 가는 것은 시공의 상승효과를 촉진하는 것일지언정 필경 다른 차원의 사정일 것이네. 옛날의 시인 묵객들도 세월이 가도 쉽게 달라지지 않는 안온하고 정체된 세상에 안도하면서도 광음의 빠름에 대해선 너나없이 원망하고 한탄했네. 이런 옛 시가 있네.

해와 달이 베틀의 북처럼 빠르게 왔다 갔다 하니

한 백 년이 손가락 한 번 튀기는 사이에 지나가네

서른도 안 된 젊은 나이에 일본 동경에서 객사한 이상도
'질풍신뢰처럼 달아나는 이 지구에서 내려버리고 싶다'고 뇌까
렸데 그려. 누군가 '여각 같은 이 천지에 과객 같은 이 내 몸'이
라고 한탄했듯이 나두야 내일 모레면 당장 이승을 하직하고 있
는지 없는지도 모를 저세상으로 떠날 판인데, 이제까지 만판 게
으름을 피우고 몽그작거리면서 허송세월하다가 늙어서야 아무
것도 이룬 것이 없다는 생각이 들어 마음이 조급해지고 망지소
조하니 나의 그 어리석음을 뉘 탓으로 돌릴 수 있겠는가. 다 내
탓이고 내 탓이지.

그러나 또 한편으로 생각하면 무엇을 이룬다는 것이 무엇
이란 말인가? 그것은 오랫동안 된 참을 하면서 남을 괴롭히고
나를 괴롭혀 짓고 만들고 쌓고 꾸미고 하고 또 해도 바람이 불면
흩날려버릴 모래성처럼 날림이고 헛것이 아니겠는가? 광막한
우주 속에서 어느 순간에 반짝하고 한 점 빛으로 사라질 허무한
것이 아니겠는가?

그렇다면 차라리 인생의 즐거움을 찾아 나서 볼까나. 즐겁
게 산다는 것은 종생토록 불행이 범접할 틈을 주지 않을 만큼 행
복을 만끽함이리라. 그러나 그것은 또 무엇이란 말인가. 더구나

'하늘엔 예측하지 못할 풍운이 있고 사람에겐 오늘 저녁 내일 아침에 닥칠지 모를 불행이 있다'는 말도 있지 않은 가? 그러니 그 것을 어찌 기필하랴.

옛날 서럽고 가난한 일평생을 산 영계기란 사람이 늙어빠진 나이에 내뱉은 인생삼락론人生三樂論을 들어보려나. 그는 이렇게 말했다네.

'하늘이 만물을 냈으나 그중에서 사람이 가장 귀하니 내가 사람으로 태어난 것이 첫째 즐거움이다. 하늘이 높고 땅이 낮듯이 남자는 높고 여자는 낮으니 내가 남자로 태어난 것이 둘째 즐거움이다. 사람이 태어나 강보를 벗어나지 못하고 죽기도 하는데, 나는 아흔 여섯이 되도록 살고 있으니 셋째 즐거움이다.'

그 어찌 검게 그을린 노구솥 밑바닥 같은 낮디 낮은 행복론이 아니겠는가. 그의 자연에의 순응 무욕 무망 앞에 절로 머리가 수그러지는 자가 어찌 나뿐이겠는가.

......

내가 젊었던 날들을 돌이켜 보니, 세상 사는 이치를 대강은 깨달을 만한 나이 스물에 이르러서도 마음의 갈피 깊숙한 곳에 잠복한 어리광을 털어 내지 못한 채 어수룩하고 허부렁한 마음과 몸가짐으로 지내면서, 무슨 도리라도 터득한 양 '인생이 뭐 별 건가? 사는 것이 바로 인생이지'라며 시건방을 떨었네 그려.

그러고도 이제 와서야 '보다 보람 있고 충실한 삶을 살 수 있었을 텐데'라고 지난날을 불만스럽게 여기며 자괴한들 시간은 돌이킬 수 없으니 후회한들 무슨 소용이랴.

아이를 낳아 기르는 법을 배우고 나서 시집가는 여자가 없듯이 인생엔 예행연습이 없고, 인생이란 이렇게 살아야 한다는 정답도 없으니 과거를 후회하기보다는 내가 맺은 매듭 내가 푼다는 마음가짐으로 앞으로나마 부끄럽지 않게 살아야 한다고 마음을 다지면서 노력해야지. 이 나이에도 늦지 않았다고, 이 몸이 스러진 뒤에야 그만둘 따름이라고.

고백하거니와 목표를 정하고 계획을 세워 실천하는 야무지고 당찬 삶은 내 소방한 성품에 어울리지 않았네. 그런 중에도 자위하는 바는 내가 남을 해코지한 일이 없고, 남이 나에게 손해를 입힌 일은 있어도 내가 남에게 손해를 입힌 일은 없다는 것이네. 혹자는 만인은 만인에게 자기도 모르게 서로 손해를 끼치는 존재라고 말하기도 하데만.

작금에도 작은 회사를 경영하는 친구가 오복전 조르듯 하도 졸라 대서 고정수입도 없는 내가 그의 은행 빚 보증을 섰다가 그가 부도를 내고 말아서 그 빚의 일부를 갚느라고 무던히도 마음고생을 한 일이 있었네. 일이 터진 뒤에야 알았지만 그는 나만이 아니라 내가 아는 두어 사람에게도 보증을 서게 했더군. 나 같은 사람이 그런 빚을 대신 갚는 방법이야 뻔하지 않은가? 살던 집을 팔아 보증 선 금액을 변제하고 나머지 돈으로 서울 근교의 값싼 아파트를 사서 이사한 거였네.

이삿짐을 옮기면서 옷매무새가 흐트러진 모습의 아내가 종종걸음을 치는 것을 보고 가여운 생각이 든 나는 아내를 위로한답시고 "집을 아주 날리고 길거리에 나앉은 사람도 있다는데 그렇게 되지 않은 것만도 다행으로 알아야지"라고 되레 큰 소리를 지르고 말았네.

도무지 아내에게 뻣뻣하게 굴 처지가 못 되는데도 말이네. 하지만 빚 보증을 서 달라고 했을 때 딱 잡아떼지 못한 나 자신에게 난 화를 풀 대상이 아내 말고 달리 또 어디에 있겠나. 그처럼 화풀이를 하고 난 내 마음속에선 '이 나이에 이 무슨 처량한 꼴이람'이란 자탄이 절로 솟아오르데 그려.

허나 지금은 마음이 평안하네. 남에게 보증을 서 달라고 부탁하기는커녕 돈 만 원 빌릴 주변머리도 없는 내가 남의 원망을 들을 짓을 했다면 두고두고 마음이 언짢고 불편했을 테니까 말이네. 그 무슨 심약한 소리냐고 비웃을지 모르나 내 마음이 그런 걸 어떡하나.

213

나는 언젠가 얼핏 본 점책에 나와 있는 '내가 남을 훼방하는 것이 화요, 남이 나를 훼방하는 것이 복이다'라는 말이 맞는 말이라고 무릎을 친 적이 있는 사람이네. 남을 괴롭히고도 편안하게 잘 사는 사람을 여태껏 보지 못했으니까. 혹자는 '그게 무슨 소리. 남에게 해악을 끼치고도 권세 잡고 떵떵거리며 사는 사람들이 얼마나 많은데'라고 나를 타박할른지 모르지. 그러나 나에겐 그런 사람이 보이지 않으니 내 눈이 삐어서 그렇단 말인가?

이왕 말을 한 김에 덧붙이는 말이네만, '남을 손해 보이느니 내가 손해보고 말지'라는 남과의 다툼을 귀찮게 여기는 마음을 지닌 데다가 고지식하고 무뚝뚝하고 막힌 구석까지 있는 나에게 세상을 살아갈 무슨 변변한 활수단이 있겠는가? 그러나 '산 입에 거미줄 칠까?'라는 속담처럼 살아지긴 겨우 겨우 포도시 살아지대 그려.

윗사람에게 알랑거리거나 잘 보이려고 교태를 짓는 성품이 아니니 관공서나 회사에 들어가 출세하기는 애초에 싹이 노랗고, 대인관계나 그 얄량한 권모술수에는 젬병이니 정치에 투신하기도 글렀고, 장사를 하자니 밑천도 없으려니와 손님 비위를 못 맞춰 파리나 날릴 판이니 어떻게 이문을 남기며, 눈썰미가 적고 손끝이 무디니 기술자나 장인이 되기도 글렀고, 농촌의 가난한 집에 태어났던들 남의 집 머슴으로나 들어가 새경을 타서 호구라도 하련만 그런 팔자는 타고나지 않았네 그려.

제복 입은 모습이 그럴듯해 보여 군인이 되려고도 했으나 길바닥으로 기어 나온 지렁이도 밟지 못하고 자동차 바퀴에라도 깔릴까 봐 손으로 집어서 길가 고랑에 놓아 주는 터수에 살생을 하지 않을 수 없는 그 직업이 마음에 내키지 않아 발길을 돌렸고, 교사가 적성에 맞는 듯도 싶었으나 무엇을 어떻게 가르쳐야 하는지 회의가 생겨 나설 수 없었네. 내가 동경하고 되고 싶었던 이런저런 인물을 무대 위에서나마 대리 경험하고 싶은 욕심에서 배우로 나설 염사도 없지 않았으나 친구들과 합석한 술자리에서 젓가락 장단도 못 맞출 만큼 '네 흥 따로 내 흥 따로'이니 어찌 남과 호흡을 맞춰 가며 연기를 할 수 있겠나. 그림을 그리고도 싶었으나 그럴 천분은 점지 받지 못했고, 가수를 선망하기도 했으나 나의 노래 솜씨는 겨우 음치를 면할 수준이었네. 이도 저도 못한다면 무엇이 되어 어떻게 살려고. 내 머리 속에선 이런 생각 저런 공상들이 오락가락 했지만, 아버지 덕에 밥을 굶을 처지는 아니어서인지 태평스런 성격 탓인지 나는 나의 장래에 무관심했고 번민하거나 초조해 하지도 않았네.

헌데 어쩌다 늦깎이로 택한 직업이 신문기자였고, 기자 노릇을 하면서 나는 내가 사이비 기자임을 깨닫게 되었네. 나도 한 몫 거들어 만든 신문은 공정치 못했을 뿐 아니라 시세에 편승하여 진실 보도를 외면했고, 시시비비를 가린다면서 시是를 비非로, 비를 시로 분식하기를 서슴지 않았기 때문이네. 그것은 마치 가라지를 볏모인 체 내보이고 자주 색이 붉은 색 행세를 하는 것과도 같았네. 그것은 악덕 상인이 진짜와 비슷하지만 진짜가 아닌 물건을 손님에게 넌지시 내미는 간교함이었네.

파란 색을 붉은 색이라고 우긴다면 뉘라서 믿겠는가만, 자주 색을 붉은 색이라고 들이대면 현혹당하기 십상이 아닌가. 그래서 진실 보도와 언론 자유를 외치다가 10년 동안 다녔던 신문사에서 쫓겨났네. 졸지에 쫓겨난 처지라 이렇다 할 생계대책이 마련돼 있지도 않아서 흥보가 매품 팔 듯 서푼어치도 안 되는 글품을 팔면서 30여 년이나 처자식을 거느린 가장으로 먹고 사는 일에 매달리다 보니 어느덧 내 인생에 땅거미가 지고 말았네 그려.

그렇게 사는 동안에 나는 예순이 넘어서야 가까스로 사람에겐 누구에게나 운명이 있다는 것을 깨달았네. 그래서 이렇게 사는 것이 내 운명이려니 여기고 내겐 가당치도 않은 공상에 가까운 일들을 해 보려던 욕심을 버렸네. 생각해 보니 나는 공상가였네.

중니仲尼 선생은 '쉰 살에 천명을 알았노라'고 말했데만, 천명이란 곧 하늘이 마련해 준 운명이라고 할 것이네. 성인으로

216

추앙 받는 만인의 스승인 그가 그 나이에 그것을 깨달았다면 만각이 아닐 수 없겠지만 범인인 나보다 겨우 10년 앞서 그것을 깨달았으니 범인과 성인의 차이가 그 얼마랴. 성인인 그가 성인으로 여긴 순임금을 두고 그의 제자 안연이 분연히 말하기를 '순이 어떤 사람이고 내가 어떤 사람인가'라고 했으니, 노력하면 누구나 순과 같은 성인이 될 수 있다는 자기와 남에게 보낸 격려의 말이리라. 그는 또 말했네. "부귀를 거머쥘 수만 있다면 채찍을 들고 말을 모는 일이라도 나는 할 것이나, 그러나 그럴 수 없다면 나는 내가 좋아하는 일을 하리라."

그러나 사람이 젊은 나이에 운명론자가 되어 운명이란 이미 정해져 있다고 의기를 저상시킬 필요는 없네. 내가 딴 나라가 아닌 이 나라에서 태어나고 남의 부모가 아닌 나의 부모를 만난 것은 선천先天의 운명이니 그것은 타고난 것이라고 하겠지만 노력하고 개척해서 얻는 것이 후천後天의 운명이라면 그것은 얼마든지 바뀔 수 있는 것이니까.

게다가 절묘하게도 젊은 사람은 선천의 운명을 거부하고 새로운 세상을 개척하게 마련이네. 그것이 바로 후천개벽後天開闢이 아니겠는가? 젊은이가 자기 앞날에 희망을 품고 어떤 일에 열심히 노력하는 동력은 바로 거기에서 나오는 것이 아니겠는가?

어쨌거나 절박한 삶을 살다 보니, 오히려 마음과 기력을 타오打熬하고 질병에라도 걸릴까 봐 몸을 단련해서인지 요즈막에도 마음과 몸이 개운하네. 그래선지 색이 쇠하지 않은 해반주그레한 여인이라도 대하면 문득 춘정이 동하니 정녕 주책이지.

옛 사람이 말하기를 '사람이 살아 온 하늘 아래 새로운 것은 없다'고 했네. 이미 살았던 사람들이 했던 일을 나라는 사람이 되풀이하고 있을 뿐이라는 것이네. 세상의 추이에 따라 그 시대에 맞게 말이네. 이런 시가 있네.

세상에서 하고 하는 일
해도 해도 다함이 없네
하고 하던 사람 간 뒤에
오는 사람 하고 또 하네

나도 그 하고 하던 사람들 중 하나라면 내가 한 일은 진즉 어떤 사람이 했던 일일 것이니, 새로울 것도 없을 것이란 생각이 드네. 하지만 그런 얘기라도 한번 펼쳐 보이고 싶은 걸 어떡하나. 새로울 것이 없다지만 그럼에도 내가 없고 내가 살았던 그런 시절이 없었으면 이런 얘기도 없었을 것이네.

2

우리는 3차원 더하기 시간이라는 4차원의 우주에 내던져진 요마么麽한 존재가 아닌가. 3차원은 우리가 5감으로 만지고 냄새 맡고 느낄 수 있지만 시간은 도둑같이 벼락같이 우리 곁을 지나 가면서 우리뿐 아니라 모든 것을 부패시키고 노화老化시키네.

그런데 시간은 어디서 어디로 흐른단 말인가. 시발점이 있 기나 한가? 종착점이 있기나 한가? 앞으로 가는지, 뒤로 가는지 도 알지 못하네. 직진하는지 나선상螺旋狀으로 빙글 빙글 돌면서 가는지도 알지 못하네. 그 거대한 우주가 움직이면 응당 소리가 나련만 우린 그 소리를 듣지 못하네. 아니 나만 듣지 못하는가. 노담老聃은 말했네. '대음희성大音希聲'이라고. '큰 소리는 소리 가 들리지 않는다'고. 사람이 들을 수 있는 소리의 주파수는 한 계가 있어 그 한계를 넘으면 들리지 않는다고 요즘 연구자들은 말하고 있데 그려.

그런데 노담 선생을 태상노군太上老君으로 받드는 선도仙 道를 닦는 내 친구 하나는 일찍이 자기는 '코스믹 사운드Cosmic Sound 곧 우주음宇宙音을 듣노라'고 내게 말했네. 나는 호기심 나서 조용한 곳에 가서 귀를 쫑긋거려 봤지만 아무 소리도 들리 지 않았네. 보다 정신을 집중하여 청각을 곤두세우자 한참 만에 무슨 소리가 들리긴 했는데, 귀뚜라미 우는 소리에 그것을 방해하는 잡음이 섞여서 들려온 것으로 여겨지네. 그렇담 그건 코스믹Cosmic 노이즈noise 곧 우주 소음이 아니겠는가. 그리고 신경을 거스르는 그 소리는 수십 년 전인 그때부터 잠만 깨면 내 귓전에서 줄곧 윙윙거리네.

잠을 자면 꿈을 꾸네. 나는 꿈을 꾸지 않는 숙면을 바라지만 나의 바람은 무참히 산산 조각나고 마네. 불청객인 꿈은 여느때처럼 찾아와 나로 하여금 매양 몸부림을 치거나 괴성을 지르게 하니까. 문득 잠에서 깨면 식은땀이 겨드랑 밑을 끈적거리게 해서 기분을 해치니까. 나는 5차원의 세계란 있는 것일까라고 고개를 갸우뚱거린 적이 있었으나 요즈막에 와서 문득 깨달았네. 꿈이야말로 5차원이 아니겠느냐고. 왜냐면 시공간을 자유자재로 넘나들고 그 속에선 무엇이든 될 수 있으니까. 장주莊周의 호접몽胡蝶夢처럼 사람이 나비로도 나비가 사람으로도 변신할 수 있으니까.

실재하지 않은 가상세계가 인간의 현실에 그림자를 드리울 때, 그리고 탐욕스러운 인간이 그것을 자기 이용물로 삼을 때 그것은 다차원多次元의 괴물이 되어 인간을 엄습하고 파멸의 구렁텅이로 몰아넣을 것이네.

假想世界

묻지 마라 을해생
—해방 전후 광주 이야기

⊙ 2018년 2월 12일 초판 1쇄 인쇄
⊙ 2018년 2월 19일 초판 1쇄 발행
⊙ 글쓴이   최이산
⊙ 펴낸이   박혜숙
⊙ 디자인   이보용
⊙ 펴낸곳   도서출판 푸른역사
  우) 03044 서울시 종로구 자하문로8길 13
  전화: 02) 720−8921(편집부) 02) 720−8920(영업부)
  팩스: 02) 720−9887
  전자우편: 2013history@naver.com
  등록: 1997년 2월 14일 제13−483호

ISBN   979−11−5612−106−0   03900